DE LA

SITUATION

POLITIQUE

DE LA FRANCE.

DE LA

SITUATION

POLITIQUE

DE LA FRANCE,

DE SES PARTIS

ET DE SES ALLIANCES NATURELLES.

PAR É . C.

PARIS,

PAULIN, LIBRAIRE, RUE DE SEINE-SAINT-GERMAIN, 33.

TOUL,

Vᵉ BASTIEN, IMPRIMEUR-LIBRAIRE.

—

DÉCEMBRE 1841.

CONSIDERATIONS PRELIMINAIRES.

PASSÉ POLITIQUE DE LA FRANCE. — SON RÉGIME ACTUEL. — DES
FACTIONS ET DES PARTIS.

Le régime représentatif est, de nos jours, la
seule forme politique suivant laquelle puisse s'o-
pérer le bien de notre pays. Ce n'est pas fortuitement que la France y a été amenée; c'est par
la succession des tems et la déduction nécessaire des événemens. Lorsque la décrépitude de
l'empire romain eut laissé dépérir toute autorité,
tout frein et toute défense; et lorsque la double
barbarie de la corruption latine et de la brutalité
franque eut envahi le sol de la Gaule, la féodalité,
en divisant le pouvoir à l'infini, eut seule la faculté
d'atteindre et de s'assimiler les débris épars, de

1

développer quelques germes de vie locale, et d'opposer aux flots pressés des invasions une résistance
qui, bien que dispersée et sans liens communs, se
montra vigoureuse et infatigable.

Mais cet état, qui dura plusieurs siècles, n'était
qu'un intermédiaire à franchir, qu'un moyen de
ressusciter partiellement et de rassembler en faisceau les élémens complexes de la nationalité. Plus
tard et comme progrès, vint l'œuvre royale. La
monarchie devait, à son début, jouir d'une autorité absolue, afin d'imposer son niveau sur les
seigneuries féodales, qui, n'étant plus mues par le
besoin commun de la défense et par l'inspiration
primitive de la chevalerie, se désunissaient et n'é-
taient remplies que du soin d'opprimer, d'usurper
et de s'enrichir. Le peuple s'était relevé par l'acquisition du bien-être, la culture de l'esprit et la
haine de la tyrannie. La sécurité publique, la facilité des communications et la puissance royale
s'étaient assez accrues, pour qu'un seul bras pût
diriger tout l'ensemble, qu'une même volonté,
intéressée à la prospérité commune, s'exerçât du
centre aux extrémités, et qu'un même contrôle
d'impartialité et de justice s'appliquât en toute
circonstance. *Si le roi le savait* n'était pas un propos de vénération superstitieuse, c'était l'expression d'un espoir qui se réalisait, toutes les fois que
les petits potentats déchus étaient convaincus d'a-

voir porté atteinte aux établissemens monarchiques.

Peu à peu les institutions du moyen-âge s'annihilèrent et furent absorbées par le pouvoir royal. La classe aristocratique ayant été réduite à former le cortége de la monarchie, les classes moyenne et inférieure se redressèrent en même tems que le poids de l'autorité suprème se souleva et se porta en masse vers la capitale. Le tiers-état, autrement dit la bourgeoisie, marcha à la tête de la nation. Savant, lettré, industrieux, réglant dans le domaine judiciaire les intérêts des particuliers, disposant par le commerce de l'activité matérielle et de la fortune mobilière du pays, créant, élucidant et propageant les idées, le tiers-état devenait, dans la monarchie, la véritable puissance, celle qui se fonde sur la capacité morale.

Le règne de Louis XV, à la fois tolérant et corrompu, favorisa ce mouvement d'une façon merveilleuse. Il suscita des griefs innombrables, plongea la noblesse dans la frivolité et la débauche, et laissa l'élite du peuple grandir de toute sa propre croissance et de la dégradation des gouvernans. La révolution de 1789 ne fit que prononcer un arrêt que la force des choses avait dicté. Le pouvoir tombé des mains imbéciles qui le tenaient, devait naturellement échoir à la capacité. Malheureusement la destruction de l'ancien ordre politique ne put s'opérer aussitôt par une substitution exacte

et rationnelle. Quinze années de tourmente s'écou-
lèrent avant que l'équilibre ne fût rétabli, et que
le pouvoir ne fût attribué aux seuls et à tous les
capables. Même, lorsqu'en 1814, une charte équitable, sage et modératrice eut été donnée à la nation, le malentendu qui en fit un octroi gratuit
de la munificence royale, au lieu d'une déclaration
de droits commandée par la nature des choses,
engendra une suite de luttes intestines, trop aveu-
gles et trop âcres pour qu'un nouveau changement
ne devînt pas nécessaire. La révolution de juillet
éclata, comme un dernier coup porté à des prétentions illusoires et contraires à la légitimité de
nos institutions. La branche aînée des Bourbons
bannie de France, il ne resta plus rien d'un passé
condamné par ses vices et son impuissance. Dès
lors le régime représentatif dut fleurir en pleine
sève parmi nous.

Cependant qu'avons-nous vu depuis 1830? Un
parti qui se prétend l'organe du peuple, pousser
jusqu'à l'absurde les conséquences des doctrines
de liberté et d'égalité, ériger en souveraineté politique la puissance matérielle du nombre, répudier ou méconnaître toute condition de perfec-
tionnement intellectuel et moral, agiter les classes
laborieuses, les enlever à leurs travaux, leur souf-
fler les passions de l'envie, de la haine et de l'arro-
gance, et tenter de désorganiser tout l'ordre social,
en confondant les aptitudes les plus diverses et les

vocations les plus opposées. Que le peuple réponde sincèrement : Est-ce des honneurs et des fonctions publiques qu'il a besoin? L'objet de ses vœux, le but de son activité, n'est-ce pas l'aisance, n'est-ce pas la prospérité de ses occupations manuelles? Lorsqu'il a obtenu la certitude que ses biens et son repos sont assurés, et que les contributions auxquelles il fournit sont perçues et employées avec une probe économie, lorsque sa part dans l'administration lui a été faite selon sa capacité qui s'étend aux limites de la commune, lorsqu'il voit ses droits soutenus sans relâche, et le gouvernement surveillé, critiqué, amendé par la portion de la classe électorale qui tient à lui de plus près; lorsqu'enfin, sans le déplacer de son assiette, le pouvoir lui aura acquis la garantie constante du succès de ses travaux et facilité le progrès mesuré de son intelligence; que lui restera-t-il à ambitionner? En quoi se trouvera-t-il froissé, lésé, dépouillé, et quel prétexte aurait-il de porter atteinte à l'ordre duquel dépend sa subsistance journalière?

Le régime représentatif n'est pas, il s'en faut beaucoup, une démocratie radicale : c'est une démocratie tempérée, qui renferme des classes encore distinctes, mais susceptibles de communication et de transition réciproques. C'est une échelle graduée ou les droits légaux sont proportionnés suivant des mérites acquis et reconnus. Vouloir qu'il en soit autrement, et que toute la masse du peuple participe également à l'action politique, c'est d'une part tendre à l'impossible dans un pays de 34 millions d'habitans, et de l'autre sacrifier tout progrès, toute civilisation, toute supériorité d'esprit et d'éducation. Le bon sens public a donné au gouvernement le pouvoir de déjouer les entreprises du parti républicain. Cependant, après la ruine des associations et les victoires sanglantes remportées au nom des lois sur la rébellion, nous sommes encore inquiétés par le danger des sociétés secrètes, et la funeste manie du régicide, éclose dans quelques têtes démoralisées.

Une secte inouie jusqu'à ce jour a surgi sous le nom de *communiste*. Quelques symboles échappés aux méditations de St.-Simon et de Fourrier, et privés de tout sens par leur isolement, ont servi de thème aux aberrations les plus extravagantes et aux desseins les plus révoltans. Quelle idée de l'espèce humaine ont donc eu les promoteurs de ces maximes qui commandent la communauté des biens et des familles? Sommes-nous donc des êtres tout spirituels et exempts de tout intérêt, de toute affection terrestres? et n'est-ce pas la plus absurde des utopies que celle qui tarit dans sa source la production des personnes et des choses? Que si l'impossibilité d'un pareil système n'échappe pas à ses organes, et s'ils n'ont en vue que de susciter la destruction de notre organisation politique, combien ne sont-ils pas coupables, et quel n'est pas leur crime d'échauffer dans l'ame des citoyens les passions les plus viles, la rapacité et le libertinage!

Au moins la vue de pareilles trames tentées sur la masse populaire doit-elle faire naitre parmi les classes éclairées l'esprit de concorde et d'union. Mais sur le terrain même de la légalité, au sein des assemblées régulièrement constituées, règne une funeste confusion, qui, sans être précisément le mal, en provient et l'engendre. Notre gouvernement, fondé sur la prépondérance alternative des partis, semble n'avoir pas encore pris son assiette. Naguères la coalition a révélé de vifs dissentimens sur les principes même de la Charte. De véhémentes discussions se sont élevées, et ce qu'il y eut de fort remarquable, ce qui semblait promettre au parti parlementaire une victoire complète, c'est qu'il se composait de toutes les notabilités politiques du pays, c'est que ses divers membres, conservateurs ou libéraux, s'étaient hautement et franchement réunis dans le but de faire triompher les principes qu'ils proclamaient. Ce vaste parti déclarait que le ministère de cette époque n'avait travaillé qu'à la dégradation de la France, tant en annihilant le principe des institutions nationales, qu'en lui faisant courber la tête sous les décisions de l'étranger. L'agitation se répand de la Chambre dans les rangs des citoyens. On s'émeut, on se passionne. Du succès de cette cause dépendent la réhabilitation du gouvernement, le retour de la confiance qui fait sa vie, et la restauration de l'honneur national. Le pays, appelé à prononcer sur ce débat, donne pleine victoire à la coalition. On s'attend à voir les résultats annoncés s'accomplir, les maximes représentatives mises pleinement en vigueur, et notre diplomatie reprendre avec énergie l'ascendant qu'elle avait perdu. L'État allait se sentir ranimé d'une existence nouvelle, la pensée publique se formuler avec grandeur, et la prospérité générale prendre un cours irrésistible.

Cependant, à peine la lutte était-elle décidée, que la mésintelligence plana de nouveau sur les esprits. Tandis que le succès de la coalition devait régénérer le gouvernement, le faire accepter cordialement, même par l'opposition qui le combattrait, et lui procurer le raffermissement qui lui était si nécessaire, tant pour comprimer les factions et donner de l'impulsion au pays, que pour rétablir nos droits et notre dignité à l'extérieur, tandis qu'il suffisait aux chefs des différens partis de s'être entendus sur le système du gouvernement parlementaire, pour marcher dorénavant avec une harmonie fondamentale, malgré la polémique journalière, il ne s'en suivit qu'une confusion universelle, qu'une série de contradictions, de démentis et de fausses routes, dont le mal le plus regrettable fut d'avoir eu pour origine les discussions les plus graves qui puissent s'agiter dans notre état politique.

En effet, de quoi s'était-il agi dans la coalition,
si ce n'est d'établir au-dessus de toute controverse
les principes de nos institutions, et voir les chefs
de tous les partis s'unir sous un symbole commun?
On devait croire non seulement, que la question
était capitale, mais que son dénoûment allait servir de boussole à toutes les opinions constitutionnelles. Trois ministères se succèdent durant l'espace de trois ans. Ils sont tous le produit de la
coalition, et en représentent avec les deux fractions
tranchées la nuance intermédiaire. MM. Passy et
Dufaure, M. Thiers et M. Guizot président à ces
trois administrations. Sans doute elles forment le
développement successif des principes arrêtés en
commun, elles réalisent les engagemens contrac-
tés, et se tiennent à la hauteur du rôle fixé d'a-
vance.

Il n'en est rien : les alliés de la veille sont absor-
bés par leurs divisions et leurs luttes intestines. Le
souvenir de la coalition est perdu; s'il reparaît,
ce n'est que pour offrir un contraste fâcheux
entre les paroles prononcées dans l'opposition et
les actes exécutés dans le gouvernement, ou bien,
pour témoigner alternativement d'un emportement
téméraire et d'une soumission pusillanime. Et aujourd'hui, que sont devenus, je le demande, et
les professions de foi proclamées par les chefs politiques, et la répercussion de cet état dans le
pays, et ces menaces belliqueuses contre l'insolence

de l'étranger? Est-ce donc en pure perte, que nous aurons vu se consumer tant d'énergie et fait tant de sacrifices ? Je suis loin assurément d'approuver la coalition dans toute l'ardeur qu'elle manifesta ; mais puisque c'était un mouvement national , il devait avoir son cours et ses conséquences. Il eût peut-être mieux valu qu'il ne se produisît pas ; mais une fois qu'il se fut déclaré, son avortement devenait déplorable. Quoi de plus triste, en effet , que le spectacle d'hommes d'état dépensant pour une agitation stérile , le tems , les ressources , les émotions et les sympathies publiques, en suscitant dans le pays une vive effervescence qui n'aboutit ensuite qu'à la confusion et au désabusement ?

En présence de semblables résultats, les bons citoyens dévoués aux institutions de leur patrie doivent s'inquiéter et se demander s'ils ont été les jouets de chefs ambitieux et turbulens, o u si une fatalité ennemie a fait peser sur nous son influence. Ils doivent soumettre à un examen impartial, mais sévère, les actes et les faits politiques qui se sont accomplis pendant les dernières années, et c'est la conscience de ce devoir qui m'a inspiré d'abord l'exécution mentale, puis la publication de ce travail. Il n'est destiné qu'à servir de texte et de guide aux réflexions personnelles de mes concitoyens. S'il est un mérite auquel j'aspire. c'est celui de l'impartialité que donne la bonne foi. Je l'ai sincè-

rement recherché; si je désire qu'on me le recon-
naisse, on doit voir dans l'expression de ce désir ,
non point une de ces vaines formules dont on a si
souvent abusé, mais un simple appel sur ce point
au jugement équitable du lecteur.

DE LA

SITUATION POLITIQUE

DE LA FRANCE,

DE SES PARTIS

ET DE SES ALLIANCES NATURELLES.

PREMIÈRE PARTIE.

—

DE L'INTÉRIEUR.

—

CHAPITRE PREMIER.

DE L'INTENTION QUI PRODUISIT LE MINISTÈRE DU 15 AVRIL. —
TENTATIVE D'EXTINCTION DES PARTIS. — FAUSSE POSITION DU
PARTI CONSERVATEUR. — COMPARAISON DES PARTIS ANGLAIS ET
DES PARTIS FRANÇAIS.

La connaissance de l'état actuel de la France repose sur l'examen d'un passé, d'où le présent s'est
engendré. Replaçons-nous donc au tems qui pré-
céda la coalition, à la durée du ministère Molé.
Son premier but fut l'apaisement d'une querelle
envenimée. Par le retrait des lois de disjonction,

de déportation et d'apanage, le pouvoir déclarait s'adoucir envers le parti républicain, et tenter sur lui les voies de clémence, ne plus suspecter à la fois le jury et l'armée, et renoncer à chercher dans le redoublement du frein pénal la soumission extrême du soldat, enfin, sacrifier certaines idées que l'on avait conçues de rétablir le prestige de la royauté par l'érection de brillantes maisons princières. Toutes ces concessions qui diminuaient le trône, et le faisaient reculer devant ses plus violens ennemis, étaient évidemment destinées à lui conquérir en revanche la popularité, à lui faire regagner d'un côté, ce que de l'autre il perdait. Puis survint le mariage du duc d'Orléans, prince qui, soit par conviction, soit par position, s'est acquis une réputation de libéralisme. L'effet tout récent des mesures de conciliation et de l'amnistie, le spectacle réjouissant de l'hyménée d'un prince aimé, le contact aisé amené par les fêtes nuptiales entre la famille royale et les notabilités du pays, valurent quelques mois de repos, de bien-être et d'harmonie publique. Les glorieux faits d'armes de Constantine et de St.-Jean d'Ulloa servirent encore à voiler ce qu'au fond la situation avait de précaire.

A quoi, en effet, devait aboutir l'action latente du ministère Molé? A la léthargie chez un peuple tranquille et indolent, mais au dégoût qui suit la fadeur, au mécontentement et à l'irritation chez une nation sensible et active comme la France. Parmi nous, nul ne peut rester oisif, chacun doit veiller sans cesse à ne pas déchoir. Les positions n'étant pas inféodées aux familles, chacun est l'artisan de sa propre fortune, soit qu'il la crée, soit qu'il l'entretienne par un soin, qui est une création incessante. Or, cette habitude d'être toujours en éveil, et d'être continuellement préocupé des moyens de se maintenir ou de s'agrandir, ne saurait se concentrer dans la sphère des intérêts privés. Une fois que le goût de la politique a gagné des esprits fiers et énergiques, il n'est pas possible qu'il s'émousse. C'est une excitation inévitable, avec laquelle il faut compter, et qu'un gouvernement ne saurait méconnaître, sous peine d'en être froissé et meurtri.

Cette ignorance fâcheuse affecta la pensée qui présida au ministère Molé. Elle espérait arriver tout doucement à un régime d'administration paternelle, soustraite à la surveillance impérieuse des partis, et compensant en indulgence, en aménité, en faveurs particulières et en améliorations de détail l'affaiblissement de l'esprit public. Elle se saisissait avec empressement du vœu général, qui demandait d'amples satisfactions aux intérêts matériels, et cherchait à concentrer l'attention universelle sur ces objets impassibles et dénués de tout sens politique. De nombreux projets de loi furent apportés, qui devaient sourire au commerce et aux amateurs de ces progrès qui se voient de l'œil et se touchent de la main. La presse et les orateurs ministériels célébraient le bonheur procuré par l'aisance, vantaient cet état paisible et tempéré, qui offrait le seul gage du développement de l'industrie, et de la récompense que mérite un travail persévérant. On établissait un contraste séduisant entre la tranquillité commode et féconde dont le pays jouissait alors, et les discussions, les haines et les crises que produirait la recrudescence des passions politiques. On distillait chaque jour les sucs somnifères d'une voix mielleuse et insinuante.

Il faut dire que M. Molé était merveilleusement propre à remplir ce rôle assez bien figuré par la nourrice berçant un enfant qu'elle veut doucement endormir, mais qui par instinct aime mieux sucer péniblement un lait qui le fait grandir. La spécialité de ce ministre semblait être de séduire. La flexibilité de son caractère, la dextérité de son esprit, l'élégance de ses manières, l'urbanité de son langage, une suffisante dignité d'attitude, tout concourait à lui donner le talent d'insinuer la mollesse, le laisser-aller et la complaisance, tant dans le pays que parmi les députés. De prime abord son dessein réussit, l'effervescence se calma, les partis restèrent séparés, mais non soulevés et orageux; ils se tinrent à un certain niveau de discussion mitigée, et au lieu d'une barrière d'airain, où chacun venait se heurter, il subsista seulement une ligne de

démarcation. La voie même était aplanie aux
transitions insensibles, et plus d'un membre du
centre gauche se trouva peu à peu engagé dans le
parti ministériel sans s'en apercevoir.

Cette tactique du pouvoir pourrait étonner un
observateur superficiel, qui se demanderait quel
grand bénéfice dut résulter de ce relâchement des
forces répressives, et de cet abattement de l'ancienne résistance. Voici ce que s'en promettait la
volonté directrice de ce système : la fin de cette
nécessité au nom de laquelle les conservateurs
éminens imposaient leurs services militans, énergiques et souvent accompagnés de fierté impérieuse ; le terme de ces dangers sans cesse renaissans qui, bien que faisant surgir une grande force
de réaction, entretenaient une force opposée,
courant sans doute des chances diverses, mais
constamment excitée dans sa vitalité ; enfin, la
suppression de toute opinion vive et tranchée,
l'engourdissement de l'action vraiment politique
et l'accroissement proportionnel de l'autorité unique et permanente.

Ce triple but à conquérir valait sans doute la
peine de quelques concessions, et d'un soin vigi-
lant à écarter toute occasion de mécontentement,
d'aigreur et de dispute. Ce n'était pas un calcul
maladroit que de se faire indulgent, généreux,
plein d'attention et de sollicitude pour les gou-
vernés, lorsque l'indemnité qui devait en revenir

3

était l'amoindrissement d'un pouvoir jusqu'alors supérieur. Il n'était ni long, ni difficile de déterminer de quel côté seraient les plus grands sacrifices, et de quel autre serait la plus large récompense. En tant que plan spéculatif, la conception était bonne, mais elle était sans application possible à une nation comme la nôtre, et à la situation de cette époque.

Elle constituait une infraction évidente à la loi du régime représentatif. Il n'en fallait pas plus pour éveiller la susceptibilité du pays. Aussi, les réclamations ne tardèrent pas à éclater. Seulement elles étaient d'une expression difficile ; elles avaient pour objet une pure tendance, et ne reposaient sur aucun fait matériel et précis. Comment définir aux yeux du public un fait par lui-même latent, l'atténuation du sentiment politique ? Comment en tirer un symbole d'hostilité visible, animé, doué du pouvoir de soulever les passions de tous? D'où venait le grief, si ce n'est de ceux qui voulaient s'en faire une arme? Qui était coupable dans cette œuvre de dépression, si ce n'est ceux-mêmes qui, de bon gré, l'avaient subie? Le pouvoir avait-il usé de violence ou d'illégalité? Quelle grave accusation pouvait donc être intentée contre lui? Il fallait prendre ses actes individuels pour trouver prise à la critique ; mais il s'était attaché à éviter tout prétexte d'attaque, consentant à retrancher de son action pour acquérir de la liberté. Dénoncer le système général de sa conduite, cela semblait s'accuser soi-même, c'était dire : Oui, nous avons été assez malhabiles, nous, les chefs des partis politiques, pour nous faire évincer du ministère les uns par les autres ; et comme nous nous étions rendus mutuellement impossibles, il arriva qu'on mit à notre place des gens insignifians et dociles, sans portée et sans responsabilité.

On doit croire qu'un tel langage n'eût pas été tolérable, cependant il fut tenu ; seulement la forme en fut déguisée, et il fut dit : *le Roi règne et ne gouverne pas.* Cette maxime jadis promulguée par M. Thiers, était renouvelée des plus mauvais jours de la restauration. Elle fut répétée, célébrée, proclamée, et servit de drapeau aux partis les plus opposés, en un mot à la coalition. Elle convenait parfaitement à son usage neutre et mixte; elle ne semblait pas plus conservatrice que libérale, quoi-qu'au fond, dans notre pays, elle doive toujours avoir cette dernière couleur; elle était séduisante comme théorie, car elle est la pure essence du noble et sage gouvernement représentatif; enfin elle dessinait assez bien la situation présente, non pas peut-être dans les termes, mais dans le sens que chacun y voyait.

Je dis que cette maxime politique semble s'assortir à tous les partis, mais qu'il n'en est pas ainsi en réalité. N'est-il pas logique de dire que, puisque dans notre pays, il existe deux tendances, celle de la conservation et celle du progrès, ce qui importe éminemment à leur réussite, c'est que leurs agens aient pleine liberté de développement? Que si le pouvoir unique et central, faisant abstraction des forces vives du pays, cherche à éteindre toute opinion prononcée, toute spontanéité d'action, pour posséder la libre disposition du gouvernement, ce procédé blessera également libéraux et conservateurs, et suscitera les premiers non moins que les seconds à miner cette influence dissolvante. Le raisonnement est spécieux, mais qu'il soit confronté avec l'expérience, et l'on verra qu'après comme avant la coalition, les conservateurs se sont ralliés et rattachés étroitement à la personne du Roi.

Il n'est pas difficile de reconnaître d'où viennent cette nécessité et la contradiction qui existe sur ce point entre la France et l'Angleterre. On l'a dit cent fois, mais pas encore assez : il est faux de conclure de l'un de ces pays à l'autre. Les déductions analogiques seraient erronées, parce qu'il y a disparité dans les conditions essentielles. Les torys anglais existent par eux seuls ; ils se suffisent, et n'ont besoin d'aucun appui étranger. Ils se soucient peu de la couronne, gardent vis-à-vis d'elle une tenue indépendante, et n'ont pour elle ni soumission, ni reconnaissance. Si la royauté vient à eux, il l'accueillent plutôt comme alliée que comme maîtresse ; ils stipulent avec elle de gré à gré, unis-

sent leur force à la sienne , et partagent au nom
de l'équité le bénéfice commun. Quant aux whigs,
ils sont dans une toute autre situation. Eux aussi
font partie de l'aristocratie , ils ne sont ni le produit, ni les représentans des masses populaires,
et au-delà des limites qu'ils se sont tracées est un
vaste champ qu'occupent les radicaux, que , certes,
il ne faut pas confondre avec nos démagogues. Ces
derniers savent seuls répondre aux torys, parce
qu'ils sont nettement séparés d'eux , et qu'ils
puisent à une source originelle leurs enseignemens,
leurs principes et leurs formules. A l'égard de l'é-
piscopat, ils sont philosophes, et sur le terrain
politique, ils sont partisans d'une franche et complète égalité ; ils fraternisent avec les Irlandais,
et ennemis qu'ils sont des priviléges aristocratiques,
ils doivent combattre le monopole des terres et de
l'industrie. Tels sont les principaux traits de leur
système net et brillant d'évidence qui , sur la plupart des points n'est autre que celui de nos conservateurs. Offert au peuple avec toutes ses conséquences , il aurait la vertu de le passionner.
Affranchissement de toute oppression, relèvement
de la dignité individuelle et répartition plus équitable des richesses, ce sont là des objets de nature à
aiguillonner les masses et allumer en elles les plus
impatiens désirs.

De leur côté, les torys ont d'immenses moyens
d'action. D'abord ils recrutent et classent parmi

eux tous les parvenus, de telle sorte qu'ils se fortifient sans cesse, et dépossèdent à mesure le peuple de ses chefs. Ils découronnent et décapitent
le parti démocratique. D'ordinaire, les nouveaux
initiés reconnaissent avec usure ces faveurs, et
semblent vouloir se purger de tout souvenir humi-
liant par la véhémence de leur zèle. Devenus grands
seigneurs, ils partagent avec leurs aînés le fardeau
pesant mais fortement étayé, de l'édifice aristocratique. Opérant de concert, ils maintiennent les fer-
miers dans une sorte de servage, s'attachent l'industrie nationale par des prohibitions ou des taxes
élevées, et se concilient en même tems le commerce
par l'ouverture progressive et continue de nouveaux
débouchés. A toutes les attaques libérales, ils opposent la puissante réponse de la grandeur croissante que l'Angleterre doit à la suite de ses administrations torys depuis près de deux siècles. C'est
beaucoup pour un parti que de pareils titres à la
reconnaissance nationale, et de semblables gages
de la prospérité de l'avenir. Les torys ont pour eux
toute la force d'une ancienne et excellente habitude; c'est ce qui explique comment ils peuvent
persuader le peuple anglais, l'ancêtre de la liberté
européenne et l'ardent zélateur des lumières de
la civilisation.

Il s'en faut de beaucoup que la situation des
whigs soit aussi favorable; ils manquent et de ces
profondes racines qui plongent dans le passé, et

de ces doctrines professées par les radicaux, qui réduisant la politique en science morale, déduisent les institutions de quelques axiomes simples, clairs, décisifs, empreints d'une vérité impérative. Les whigs tiennent à ce qui est, voulant aussi sans cesse améliorer; leur erreur consiste à ne pas assez s'inquiéter si leurs réformes ne sont pas incompatibles avec l'ancien ordre politique. Tandis que leurs adversaires prennent pour devise l'intégrité de la Constitution, à laquelle tant d'intérêts sont suspendus, ils se contentent de proposer au jour le jour des mesures qui ne ressortent d'aucun système, qui n'ont qu'une certaine couleur libérale, et qui ne se fortifient ni de l'autorité d'un passé glorieux, ni de la séduction d'un plan radical qu'ont tracé la justice rationnelle et la moderne philosophie. Les whigs semblent un parti de transition; ils rentreraient presque tous dans les nuances modérées des torys et des radicaux, et leur voix, quand vient le danger, ne répond pas au vaste et fidèle écho, qui suit la clameur d'une grande masse nationale. Il leur faut un appui en dehors de leurs propres rangs; ils le trouvent aujourd'hui dans la Reine qui, j'en suis persuadé, rencontra dans le ministère Melbourne une déférence et une soumission que l'orgueil tory ne lui offre pas. En même tems, les whigs sont encore de l'aristocratie; ils connaissent l'étiquette des cours et professent un grand respect pour la hiérarchie sociale. Entourée de leurs services, la jeune souveraine resterait à son poste éminent, et verrait plus au-dessous d'elle des agens plus dévoués. Aussi la voit-on les préférer et les rechercher, tandis qu'eux-mêmes ils ont besoin de la royauté.

Cette digression chez nos voisins d'outre-mer, m'a semblé utile pour la comparaison et le contraste qu'elle nous fournit. En France, l'équilibre des partis est tout différent. Le parti libéral, beaucoup plus avancé surtout en idées, que les whigs, jouit d'une grande force morale et populaire, et il en a conscience. Étant fort, il est naturellement *incontenu* et envahisseur. N'ayant nul besoin de la royauté, il la respecte et l'affectionne peu ; il la considère comme une pièce indispensable dans la machine constitutionnelle, et à ce titre seul il la défend ; il la regarderait volontiers comme un simple point d'arrêt, qui n'a de force que par son inertie. Il est bien loin de chercher en elle un appui et un refuge, de se ménager, pour les cas désespérés, ses sympathies intimes. Comme il ne lui aperçoit ni vigueur propre, ni prestige d'antiquité, ni adhérence invariable avec une classe ferme et indissoluble de citoyens, comme il ne lui voit posséder que l'administration, c'est-à-dire un instrument ambulatoire et docile à toutes les mains, il ne croit qu'en lui, ne se fie qu'à lui, et s'il trouve un obstacle, il se décide à le rompre par le combat, plutôt qu'à le fléchir par la réserve et par la souplesse.

Le parti libéral est trop fier pour présenter d'assez bonnes conditions à la royauté ; il n'entre pas dans la nature des choses qu'ils soient portés l'un vers l'autre par une propension réciproque.

Tout autre est le parti conservateur. — Où est-il ? L'a-t-on vu ? Quels en sont les membres ? — dira un étranger. C'est qu'en effet il ressemble plutôt à une abstraction qu'à un corps vivant et visible. Les individus qui le composent sont un flot ondoyant qui le traverse et passe bientôt au-delà. C'était les royalistes, la noblesse, les champions du catholicisme et de la féodalité ; ceux-ci maintenant prêchent le suffrage universel, conspirent contre le gouvernement, et voudraient voir se briser tous les liens dont il dispose. Leur rôle n'est autre que celui d'un dissolvant dans l'Etat. Quant aux conservateurs actuels, sans doute ils forment nombre, sans doute il est un instinct commun qui leur inspire les mêmes sentimens, les mêmes craintes et les mêmes efforts. Mais se connaissent-ils entre eux ? Ont-ils quelque signe qui les distingue ? Sauraient-ils à un moment donné se compter, se réunir, se concerter, et produire quelque forte résolution dont leur salut dépendît ? Sauraient-ils prendre la moindre initiative pour assurer et défendre leur état, que les injures du tems ne cessent de menacer ? Celui qui possède et veut conserver ne doit pas rester oisif. Il n'achète le maintien de ses avantages qu'au prix d'une vigilance soutenue

et d'un soin constant à réparer les dégradations
que chaque jour amène.

La vraie et solide conservation n'est pas autre
que la rénovation fréquente de la force constitutive. Mais une telle œuvre exige au moins la connaissance précise de cette force qui, lorsqu'elle est
incomplète et chancelante, exige impérieusement
des additions, des étais et des bases suffisantes. A la
réforme et à la spéculation il ne faut pas tant d'incertitude; à celui qui vit d'idées et de projets,
c'est assez de vagues et brillans aperçus, d'une
grande ardeur de polémique et d'une humeur intrépide. Il évoque telles conceptions que bon lui
semble, et n'est exposé aux mécomptes que lorsqu'il en vient à une réalité effective. Quant à celui
qui conserve, exposé à toutes les attaques du dehors, il doit se régler sur une parfaite investigation des objets à défendre, et des ressources dont
il dispose.

Or le parti conservateur sait-il quel il est, à
quelles conditions il peut se maintenir, et quel
genre, soit d'action soit de sacrifices, lui est commandé par sa position? Ce qui fait la qualité de
conservateur, c'est quelque supériorité sociale;
et comme il n'existe plus de noblesse légale et de
droits seigneuriaux, plus de corporations admi-
nistratives ou industrielles, ce ne peut être que
les richesses ou les emplois publics qui fassent
naître l'instinct de la conservation. Mais sont-ce là

des élémens suffisans pour créer et soutenir un
parti, pour constituer une classe de citoyens dont
les mœurs, les idées, les intentions et la conduit
soient en pleine conformité ? Parmi les fonctionnaires publics, il en est peu qui aient dû leur position à leur rang social, ou à de hautes protec-
tions, et la plupart s'accommoderaient sans peine
d'un changement dans l'État. Quant aux riches,
le sont-ils de la même date et par les mêmes causes ? Ne faut-il pas distinguer les anciennes familles
qui, suivant une expression reçue, vivaient noble-
ment, de celles qui se sont élevées et subsistent
par l'industrie et le commerce ? Même parmi celles
de la première espèce, n'est-il pas une démarcation
qui vient de la sotte vanité et de la puérile jalousie
nées des titres nobiliaires ? Et ce qui est plus grave,
n'est-il pas des souvenirs encore récens de grandeur perdue, d'exil, de dévastation et de suppli-
ces qui laissent une amertume profonde ? En un
mot, les nobles aiment-ils les bourgeois, et ceux-ci
les commerçans ? Ils s'irritent et luttent de concert
contre les perturbations d'une démocratie extrême;
mais le moment de crise passé, ils rentrent dans
leurs limites respectives, et ne veulent ni ne savent
organiser un plan durable d'organisation et de défense. Lorsqu'ils entendent proclamer les théories
républicaines, ils pressentent justement que, soit
directement par un partage, soit indirectement par
des impôts proportionnels, leurs fortunes seraient

compromises, et en même tems leurs mœurs po-
licées, leurs habitudes de bonne compagnie et
leur ton d'élégance. Ils prennent en épouvante
toute idée de nivellement, et il n'est point contre
un objet si effrayant, de réprobation, d'invectives et
d'actes répulsifs dont ils n'usent. Mais ce ne sont
que paroles jetées au vent et accès momentanés.
Ce n'est pas en déclamant ou en faisant çà et là
un effort sans unité et sans portée, que l'on réussit
dans un dessein d'une importance aussi vaste que
la constitution d'un grand parti dans une nation.

Que les conservateurs s'examinent; qu'ils voient
que les institutions politiques leur font défaut, et
que leur seule ressource gît dans leur action comme
parti. Ils n'ont pour eux aucune espèce d'inféoda-
tion. L'Église est refoulée dans le domaine spirituel;
d'ailleurs son influence morale est faible, son intelligence hésite dans la voie du progrès; elle est soldée
par l'État, elle n'a ni cliens ni créatures, et reste
en dehors du mouvement politique. L'ordre judiciaire se recrute indifféremment dans tout le bar-
reau; c'est la réputation dans le tribunal, et non
la position dans le monde, qui désigne les candi-
dats. L'armée tire la plupart de ses chefs des rangs
des sous-officiers. Le germe démocratique perce
sur tous les points dans l'administration. Enfin
cette richesse des conservateurs, réduite à sa propre
substance, est exposée, dans les mains par où elle
passe, à de bien grandes vicissitudes. L'effet im-

mense de la loi d'égalité dans les successions se propage tous les jours. L'extinction des majorats, la franchise et l'aliénabilité du sol sont aussi d'un grand résultat. Que l'on jette les regards sur nos campagnes, et que l'on réfléchisse sur le morcellement continu des propriétés foncières. C'est l'envahissement du paysan sur le bourgeois. Il s'opère incessamment, grace aux meilleures conditions du travail rural, et à la faculté qu'ont désormais les cultivateurs laborieux et économes d'éloigner toute concurrence dans les achats, par le haut prix qu'ils peuvent offrir, en raison du cumul qu'ils se promettent du profit du fermier et du loyer de la terre. Quant à l'industrie et au commerce, ce ne sont aux yeux des Français que des lieux de passage, que des voies pour arriver plus haut. Ces modes d'existence nous semblent incompatibles avec une manière d'être distinguée; ceux qui en sont favorisés les quittent le plus tôt qu'ils peuvent, et cet empressement indique qu'il n'y a là ni position stable ni haute conscience de soi-même.

C'est ainsi que le parti conservateur ne trouve ni dans la loi politique, ni dans les antécédens historiques, ni dans la parité d'existence, les liens naturels et l'affinité involontaire qui puissent le constituer. Au moins doit-il, par des efforts réfléchis et soutenus, compenser cette impuissance des choses. Mais il ne peut ni ne veut se reconnaitre, se rapprocher et s'entendre; il semble aimer à se di-

viser, il est rempli d'amour-propre et de suscep-
tibilités.

En France, les positions sociales sont graduées
à l'infini, et c'est ce qui fait proprement l'égalité,
qui n'est du reste ni dans les fortunes, ni dans la
considération, ni même jusqu'à un certain point
dans l'accès aux emplois. Les priviléges n'appar-
tiennent qu'à un nombre borné de familles, mais
comme il est impossible de tracer de limite entre
les privilégiés et ceux qui ne le sont pas, comme
il est dans l'esprit de la loi et le cours des choses,
qu'il y ait une perpétuelle mutation dans les rangs
sociaux, il arrive que, si tout individu n'est pas
muni des avantages dont il est question, il peut les
obtenir, il y est apte, ou du moins nulle cause
extérieure ne l'en rend incapable ; il arrive qu'à tout
instant surgissent des parvenus. Or l'ancienne
courtoisie française nous a légué un ton, des manières, une délicatesse qui n'ont rien de palpable,
et cependant qui, aux yeux exercés, différencient
singulièrement les personnes. Il faut avoir vécu
dans ce qu'on appelle *la bonne compagnie,* pour
s'en approprier la manière d'être. Ces nuances
souvent fugitives éveillent vivement la sensibilité
des sociétés qui en ont fait leur étude, et amènent
des répugnances, et par contre des ressentimens
qui, brisant l'harmonie des relations privées, re-
poussent l'accord dans la conduite politique.

Avec un esprit tout-à-fait libre et dégagé, nos

classes élevées ont une propension remarquable à
prendre de l'ombrage. On y voit discuter avec témérité la légitimité des principes fondamentaux de
la morale, de la religion et de l'ordre social; mais
pour tout ce qui est de contact entre personnes,
si une égale politesse, si des habitudes et des relations d'une même élégance n'aplanissent un rapprochement, aussitôt naissent une antipathie et
une répulsion irremédiables. Le fantôme de l'ancienne société plane toujours sur nous, les ombres
de galante courtisannerie et de féodalité superbe
ne sont pas entièrement évanouies. Il s'y attache
un attrait vers lequel se porte quiconque se croit
quelque degré d'élévation. Sans doute on ne convient pas de cette prétention, mais on en est im-
prégné à son insu. Toutes ces anciennes façons
d'agir subsistent sous les mots déguisés d'élégance,
de délicatesse et de distinction; à ce titre ou les
adopte, on les chérit; l'orgueil et la vanité s'en font
des retranchemens et des motifs d'exclusion. Cela
remplit le monde de susceptibilité, de jalousie et
de division; cela est pour beaucoup dans le manque
d'unité du parti conservateur.

Ce parti, qui n'a pas de racines dans le passé,
qui ne trouve dans le présent aucune loi d'assemblage et de discipline, restera donc épars, débile,
impuissant, s'il ne découvre au dehors, dans les
institutions politiques, un pouvoir, un centre de
force et d'action auquel il se rattache et qui, neutre

par nature originelle entre les différens partis,
incline cependant par préférence vers la conservation. De son côté, comme nous l'avons vu, la
royauté ne reçoit du parti libéral ni respect, ni
affection, ni appuis dévoués; elle doit, si elle prétend jouer un rôle important, chercher ailleurs des
amis plus révérencieux et des alliés plus fidèles.
Dans cette démarche, elle trouve le parti conservateur allant à sa rencontre et réclamant sa tutelle.
De là rapprochement spontané, liaison, intimité,
communauté de vues et de direction.

Que cette soumission soit bien honorable pour
le parti conservateur, et que ce rôle soit aussi sûr
que brillant pour la royauté, c'est ce que je n'af-
firmerai pas; j'inclinerai plutôt à croire le contraire. Mais le fait est là pour prouver que la monarchie de juillet, depuis son avénement, a placé
sa prédilection et sa confiance dans le parti conservateur, tandis que celui-ci l'a servie avec zèle, con-
stance et hommage.

CHAPITRE II.

DE LA COALITION. — LES DOCTRINAIRES COALISÉS. — DES CAUSES
DE LA CHUTE INÉVITABLE DU MINISTÈRE-MOLÉ. — DE L'INFÉO-
DATION DU GOUVERNEMENT AUX CONSERVATEURS. — DU PRIN-
CIPE PARLEMENTAIRE. — LUTTE DE LA COALITION.

Ceci posé, M. Guizot et ses amis furent-ils lo-
giques et équitables, lorsqu'à la fin de 1838, après
deux années qu'ils avaient été éloignés du pouvoir,
ils firent une levée de boucliers contre l'immixtion
prétendue excessive de la couronne dans les affaires
de l'État. Se rappelaient-ils leurs antécédens, leurs
professions de foi, les mobiles de leur lutte des
huit dernières années, lorsqu'ils venaient dire :
« Non, le Roi règne, mais il ne gouverne pas? »
Cent fois ils avaient déclaré ou fait entendre que
le Roi devait avoir une haute influence dans le gouvernement; qu'en lui subsistait la seule digue contre
le flot croissant de la démocratie, et qu'au milieu
de l'instabilité des opinions et des pouvoirs électifs,
lui seul pouvait maintenir cette unité de vues, cette
fermeté de décision et cette homogénéité de système si nécessaire tant à l'intégrité de l'État qu'à
la conduite de nos relations avec l'étranger.

Et voilà que ce langage du parti conservateur
venait se métamorphoser dans la bouche de ses

principaux chefs, et devenait celui-ci : « Le Roi,
» dans un gouvernement parlementaire, n'a aucun
» pouvoir d'initiative ; il n'est que l'agent des majo-
» rités de la Chambre, qui, à leur tour, n'ont
» d'autre mission que d'exprimer le sentiment du
» pays. Pour que ce mouvement se propage depuis
» la pensée des citoyens jusque sur l'exercice de
» l'autorité royale, il faut que les députés se pro-
» noncent d'une manière ferme et tranchée, par
» leurs organes les plus élevés, et que ces organes,
» forts de tout l'ascendant et de la Chambre et du
» pays, se saisissent hardiment et librement du
» pouvoir, pour gouverner avec le secours de la
» royauté. »

Que cette théorie soit concordante avec les principes du gouvernement représentatif, tel qu'il
existe substantiellement en France, je l'accorderai
volontiers ; qu'elle soit fort bien placée dans la
bouche du parti libéral, rien de plus évident. Mais
que le parti conservateur ou du moins ses chefs
se soient lancés dans une pareille hardiesse de langage, c'est ce qu'il est difficile de croire. Il fallait ou
qu'ils ignorassent les conditions d'existence inhé-
rentes à leur parti, mais on ne peut l'admettre
chez des hommes de l'intelligence de M. Guizot,
ou qu'ils ressentissent un profond dépit des sacrifices que leur avait coûtés le contrat tacitement
passé par eux et la royauté. Ils avaient jadis senti
qu'ils ne pouvaient se maintenir que par l'appui

de ce pouvoir constitutionnel; il l'avaient servi avec
dévoûment, et se croyaient des droits à une considération et à une gratitude qui ne permissent
pas leur éloignement durable des affaires et leur
remplacement quasi-définitif par des amis person-
nels tels que M. de Montalivet, et des individuali-
tés purement habiles et modératrices comme
M. Molé. Il leur semblait qu'après avoir été exploi-
tés dans leur bon vouloir, pour affermir des prérogatives personnelles et la pacification de l'État,
et après avoir été compromis vis-à-vis de l'opinion,
ils étaient devenus le rebut du pouvoir qui les
avait employés, et qui, fatigué de leur hauteur
dans les relations privées et de leur impopularité.
s'appliquait à rejeter sur eux la lourde responsabilité du passé, pour reconquérir la faveur publique
par un retour à la mansuétude et à la coalition.
Ils crurent donc jouer un rôle de dupe, et se per-
suadèrent avoir été fraudés dans la formation d'un
pacte, qui de l'autre part eût été un pur calcul,
mais qui de leur part eût été une œuvre de haute
politique et l'accomplissement d'un système rationnel et permanent.

Cependant le parti ne s'émut pas à la voix de
ses chefs. Que voulait dire cette inertie? si ce n'est,
ou que la masse du parti était privée de l'intelligence de la situation, ou qu'il ne s'agissait de la part
des chefs que d'une satisfaction d'orgueil et d'ambition, et non du sentiment vrai de l'intérêt géné-

)

ral ? Cependant j'adopterai un troisième avis, et je
dirai que les chefs, bien que sachant de quelle condition dépendait le maintien de leur parti, s'abusaient néanmoins sur sa propre valeur. Je pour-
rais, sans doute, leur imputer une déshonnête
convoitise, un égoïsme méprisable, et dire que
leur opposition ne venait que de ce que d'autres
qu'eux-mêmes occupaient le pouvoir. Mais quand
même ces mobiles, qui me répugnent à signaler,
seraient entrés dans leur ame, j'aurais droit de
porter exclusivement mon attention sur les inspi-
rations purement politiques de ces hommes, persuadé que je suis, qu'aux passions les plus étroites
des hommes éminens se rattachent toujours des
idées et des impulsions d'un ordre élevé. Je ne
m'arrête donc que sur les considérations d'intérêt
général, qui agirent sur M. Guizot et les doctrinaires.

S'imaginant avoir traité d'égal à égal avec la
royauté, non pas seulement pour mettre leurs
causes en commun, mais pour administrer de concert et se fonder dans le pays une importance respective, ils n'avaient pas borné leurs désirs à voir
le gouvernement suivre une voie convenable, et
n'avaient pas moins ambitionné que de garder
constamment dans leurs propres mains les rènes
de l'État. N'était-ce pas trop vouloir, et la royauté
consentant au traité, avait-elle eu une si grande
méfiance d'elle-même qu'elle souscrivît à la condi-

tion de n'admettre pour agent de son autorité que les chefs conservateurs? Il y avait eu à l'origine malentendu, ou plutôt les doctrinaires, en ne parlant pas de leur propre individualité, s'étaient tus par modestie; ils croyaient s'être fait comprendre à demi-mot, et les services qu'ils avaient rendus depuis semblaient garantir leur espoir.

Il est très vrai qu'ils pouvaient, au nom de l'intérêt de leur parti et de leur propre importance, exiger de la part du pouvoir, leur allié, une adhésion invariable aux principes et aux personnes des conservateurs. En effet, un parti qui a conscience de sa force, peut et doit rester un et homogène avec ses doctrines, ses desseins avoués, ses décisions prises et ses chefs reconnus. En vain les tems sont contraires, en vain les événemens ont condamné sa politique et ses représentans : n'importe, comme il est une force vive et agissante, qui tire sa substance du sein même de la société, il n'a rien à craindre quant au fond de son existence. Lorsque l'orage est trop violent, il courbe la tête, et puis la relève lorsque le coup de vent a passé. Mais un pouvoir comme la royauté, qui n'existe que par abstraction, qui, éprouvant le jeu naturel des institutions, doit entrer en rapport et en composition avec tous les partis alternativement, qui doit suivre toutes les variations de la balance politique et dont la mission est, tout en restant identique avec lui-même dans son rôle de modérateur, d'accepter et de mettre en réalisation gouvernementale des systèmes opposés et discordans ; un tel pouvoir, dis-je, s'il est sage, ne se livre pas volontiers à un parti exclusif. Dans le cas où il le fait, ce n'est pas sans réserve ; il se met à couvert vis-à-vis du public, derrière les nécessités temporaires de la situation, et tout en se comportant suivant ses préférences, il ne les déclare pas et garde l'aspect neutre que lui prescrit impérieusement l'esprit de la constitution.

Il est certain que la royauté de juillet a incliné sensiblement, depuis sa fondation, vers le parti conservateur. C'est là qu'elle trouvait les gages les plus sûrs de son maintien et les prérogatives les plus étendues. De plus, ce parti n'étant ni puissant, ni même organisé, elle y jouissait d'un empire facile. Il n'en fallait pas tant pour la décider à fixer de ce côté ses sympathies. Mais ce choix dicté par son intérêt était contrarié par son devoir d'impartialité. De là une position délicate, équivoque ; de là le besoin continu de tempéramens. Que si à ces embarras sans cesse renaissans viennent se joindre l'insuccès de mesures réactionnaires et une attitude orgueilleuse des chefs conservateurs vis-à-vis de leur royal guide, celui-ci, ne voulant plus se compromettre à l'égard du parti libéral, et désirant faire sentir aux récalcitrans qu'ils n'ont pas droit à tant de confiance en eux-mêmes, est porté à modifier ses premières déterminations et revenir

à la position d'équilibre qui est son devoir constitutionnel.

La royauté en était arrivée là au commencement
de 1837. On devait penser que, suivant la règle
parlementaire, elle appellerait la gauche ou au
moins le centre gauche aux affaires. Les doctrinaires vaincus, ce devait être à leurs adversaires
politiques à les remplacer. La popularité revenait
entourer le trône, et la couronne n'aurait pas eu
à peser, si peu que ce fût, dans la balance, pour que
le cabinet de son choix d'alors l'emportât. Mais il
n'en fut rien; l'effet rationnel des institutions représentatives fut méconnu, et l'on vit M. Molé
promu à la présidence du Conseil, tandis que
M. de Montalivet devenait ministre de l'intérieur.
A ces deux personnages étaient adjoints les députés
Martin (du Nord), de Salvandy, Lacave-Laplagne
et de Rosamel. C'était enfreindre ouvertement
la loi des majorités; non pas que ce ministère ne
pût, pendant un certain tems et en des circonstances données, obtenir la pluralité des suffrages;
mais jamais il ne pouvait s'approprier une véritable majorité.

La devise de ce ministère était la conciliation.
Assurément la perspective de voir les divers partis
abjurer leurs ressentimens était séduisante. Mais
qui se laisserait abuser par une semblable illusion ? N'était-ce pas une vaine fantasmagorie ?
Y avait-il possibilité d'arriver à un pareil résul-

tat? Bien plus, cette conquête obtenue n'aurait
engendré que de misérables effets. N'eût-il pas été
déplorable de voir s'annihiler les idées et les volontés originales des partis, qui, tout contradic-
toires qu'elles semblent, ne laissent pas que d'être
la véritable lumière et la véritable force de l'État.
On eût éteint les passions, mais toute activité eût
cessé, et ce marasme eût dégénéré en corruption.
Les partis qui, dans une grande nation, s'éclairent
et se disciplinent en se formant, se condensent et
se fortifient en s'agitant, ont toujours en contem-
plation, quelque injustice que du reste ils respi-
rent, un certain type de bien, une certaine doctrine
grande ou généreuse, hardie ou féconde. Quoi-
qu'en disent les amateurs de la tranquillité et du
repos, de la vie douce et monotone, il n'y a pas
de vertu sans vive impulsion, sans combats, sans
efforts. La paresse est une mauvaise conseillère,
elle permet au bas égoïsme, à la cupidité et à
la sensualité d'opérer leur travail souterrain. De
même que le sang circule à flots précipités et en
battant contre les artères, de même la vie politique doit, pour être saine, recevoir une excitation régulière et constante. Il faut que chaque
citoyen, dans la sphère de son activité et de ses
droits, soit animé du sentiment de son importance
relative et de sa collaboration à l'œuvre de tous;
il faut que son concours à l'action municipale,
départementale ou nationale soit soutenu par une

inspiration personnelle et un intérêt patriotique.
Les sujets qui s'abandonnent passivement à l'autorité, et qui attendent d'elle toute initiative et
toute direction, demeurent faibles, ignorans, lan-
guissans et stériles. Mais demander l'excitation sociale, c'est appeler les partis et les divisions. Qu'y
faire? tout s'achète en ce monde, et les résultats
politiques se paient en discussions et en luttes.

Lorsque l'on considère d'une manière générale
que le parti qui l'emporte en définitive, est au fond
le mieux constitué en raison et en droit, et lorsqu'on voit s'associer tôt ou tard, après une solution
irrémissible, les vaincus aux vainqueurs, on reconnaît que le seul effet regrettable des partis est
l'état de querelle du moment, et que cet effet,
n'ayant rien que de transitoire, n'est pas suffisant
pour neutraliser un résultat salutaire et permanent.

La tentative de confondre et d'annihiler les partis, faite en 1857, n'était donc pas, comme il a pu
sembler à des esprits faibles et débonnaires, une
politique empreinte de moralité. Elle n'était pas
non plus dictée par la prudence. En effet, que
l'on jette les yeux sur la France telle que l'ont faite
les révolutions de 1789, de 1814 et de 1850; que
l'on observe la société mal assise, cherchant son
équilibre et oscillant dans cette attente, et qu'on
dise s'il n'est pas dans la force des choses, que
long-tems encore, non pas seulement les intérêts
mais les droits soient débattus, et si ce n'est pas un

besoin pour les esprits qui veulent s'éclairer, pour
les volontés qui ont des ambitions à faire prévaloir, que chaque jour les principes sociaux soient
remis sur le métier, examinés, éprouvés et raffer-
mis. Ce n'est pas en un jour que l'éducation d'un
grand peuple se fait, ce n'est pas un morceau de
papier appelé Charte qui peut l'instruire. Les
yeux qui lisent un code, et les oreilles qui entendent des déclarations législatives ne font pas instantanément pénétrer, jusque dans l'intimité de
la conscience, les vérités essentielles et fondamentales qui y sont incluses. C'est à l'expérience et à
la méditation d'engendrer les convictions sincères
et profondes. Nous avons et aurons encore long-
tems à nous livrer à ce travail; il n'était pas sage
de vouloir nous y enlever.

Le pouvoir devait s'associer sans interruption à
l'excitation des partis. Abandonnant les conservateurs caractérisés, il ne trouvait de force réelle
et vivante que dans la gauche. Mais ici se rencontrait un écueil. La gauche savait-elle, pouvait-elle
gouverner? Ce parti, si puissant par ses maximes
nettes et tranchées, qui sont devenues la substance
même des idées en France, par le nombre considérable de ses adhérens, par le manque d'organisation, d'influence et d'origine historique de ses adversaires, la gauche éprouvait un manque absolu de
science gouvernementale et de volonté d'exercer sérieusement le pouvoir. *Laisser faire* et *laisser passer,*
tel était le résumé de son opposition. Que la gauche.

arrivée aux affaires, persévérât dans ces erremens déraisonnables, c'en était fait de l'autorité en France; c'était ouvrir carrière à l'anarchie; c'était livrer le terrain aux factions et exposer l'État à sa ruine.

Sans doute le maniement des affaires eût donné à réfléchir à la gauche : tôt ou tard elle eût senti le besoin de faire respecter sévèrement les lois, de donner du nerf à l'administration, et de placer celle-ci à une certaine hauteur d'indépendance. Mais c'eût été une série d'expériences à faire, et la volonté qui avait un choix à faire concevait de grandes défiances. Le passé pouvait faire présager l'avenir, et ce passé n'avait rien que d'inquiétant. Il faut se rappeler que la gauche n'avait que trop toléré les émeutes, réservant sa réprobation et ses invectives au pouvoir réprimant, exposé dans son exercice à des abus; qu'elle n'avait cessé d'apporter des entraves à l'administration; qu'elle n'avait tendu constamment qu'à énerver l'autorité et à la livrer en butte au dédain de la foule; que toute insubordination, pourvu qu'elle n'eût pas les armes à la main, trouvait en elle appui et défense, et que, dans tous les débats en matière de législation et même d'intérêts matériels, elle n'avait que trop décélé l'amour de la contradiction et une légèreté inconcevable dans l'étude des faits et des conditions essentielles à tout ordre de choses régulier.

A ce sujet on se demande pourquoi il en est

ainsi ; pourquoi la gauche, ce parti si grand et si puissant dans notre pays, était resté incapable de gouverner. Deux raisons expliquent cette incapacité. D'abord la gauche n'a pas encore eu en main le gouvernement d'une manière durable ; elle ne le connaît que par observation et qu'en qualité de subordonnée ; elle en aperçoit et en ressent les imperfections ; elle est portée à se plaindre et à récriminer. Si elle s'y était initiée par la pratique, elle en concevrait une opinion toute différente, elle en saurait les difficultés, et admettrait que, dans cette tâche, on doive plus d'une fois risquer de déplaire et d'offenser la susceptibilité publique. Elle aurait appris qu'autre chose est de méditer un plan, d'évoquer des hypothèses, autre chose est de réaliser par un travail continu et à travers mille embarras, mille chicanes, mille révoltes, les améliorations nécessaires dont le faisceau, quelque considérable qu'il soit, n'offrira encore qu'un tout inachevé.

A cette inexpérience de la gauche, il faut joindre le dénuement de ces antécédens historiques si courts, si rapprochés d'une révolution, et qui ne lui permettent pas encore une organisation complète et solide. Aussi n'y a-t-il rien d'étonnant dans l'incapacité que la gauche avait montrée jusqu'à l'année 1837, et dans la répugnance qu'alors elle inspira au pouvoir chargé de composer un ministère. Un terme moyen fut adopté, qui pouvait être envisagé sous une double face : c'était ou l'essai d'un système exempt en apparence et de l'irréflexion libérale et de l'impopularité doctrinaire, mais au fond reposant sur le vide ; ou la tentative de confondre subrepticement les différens partis, et de leur soutirer en secret ce qu'ils possédaient de vitalité. Que le ministère Molé dérivât de l'une ou de l'autre de ces tactiques, la gauche dut persister dans son irritation. Quelques concessions lui avaient été faites, mais qu'était-ce que cela en comparaison du pouvoir qu'on lui dérobait, alors que les dernières circonstances semblaient le lui conférer.

Quant aux conservateurs, quelle conduite avaient-ils à tenir ? se laisseraient-ils entraîner par leurs chefs habituels, les doctrinaires ? Sans doute le ministère Molé voulait la conservation, mais dans quel intérêt et selon quelle voie ? Évidemment il cherchait à se dégager du gros du parti, il voulait abstraire le pouvoir dans une sphère limitée, et s'il allait faire le bien des conservateurs, ce serait sans eux et en les reléguant dans la masse gouvernée. Or cela ne suffisait pas et aux doctrinaires qui dirigeaient le parti, et aux simples membres, qui ne voyaient de sécurité permanente pour leur cause, que dans la constitution énergique de ce parti, laquelle dépendait de la possession ultérieure persistante du pouvoir.

Cette prétention de ne pas se dessaisir du maniement des affaires publiques était, il faut en

convenir, peu conforme au vrai sens du gouvernement représentatif. Suivant cette forme politique,
le pouvoir n'est pas l'attribut exclusif de tel ou tel
parti, de telle ou telle classe de la société; il est
essentiellement mobile, et n'a rien de patrimonial
ni d'héréditaire. Il est constamment le but d'un
combat, et ne se conquiert qu'avec les armes de
la logique, par le droit actuel de prédominance
d'un parti, et au nom de doctrines, de vues et de
projets hautement préférables à ceux qui tombent
en déconsidération. Or tous ces titres ne sont pas
l'apanage exclusif d'un seul et même parti. Les
vainqueurs ne sont pas plus tôt maîtres du terrain, que les vaincus se ressaisissent des instrumens d'opposition, reprennent l'attaque, et usent
contre leurs adversaires des moyens par lesquels
ceux-ci ont triomphé.

C'est pourquoi on ne saurait trop s'étonner du
langage tenu par les conservateurs à l'égard de la
gauche, s'attribuant à eux seuls l'aptitude au
gouvernement, se déclarant être l'unique ressource
de la France, ne voyant dans les libéraux que des
agens de discorde et de ruine, les condamnant à
un rôle tout passif, au sort d'une résignation docile, et leur laissant tout au plus la faculté de re-
montrance. Mais ce langage officiel cache cet en-
tretien intime, agité dans leur conscience : « Il n'est
que trop vrai, nous ne trouvons dans les institutions aucun refuge contre les idées de liberté, d'é-

galité, de progrès et de propagande, qui de nos jours font la nourriture des esprits. Que faire? comment résister, sinon en nous inféodant le pouvoir ministériel ? Les chances, de ce côté, ne nous abandonnent pas. Si la gauche est puissante par son nombre et les idées qu'elle représente, elle est faible par la crainte qu'inspire sa conduite agitée et subversive. De plus la loi électorale contient le vœu public dans des restrictions assez étroites. Enfin, la royauté est pour nous, qui lui vouons nos hommages, tandis que la gauche la rudoie et la déprécie. •

Tel est l'aveu d'impuissance, comme parti, que se font en leur conscience les conservateurs, et la conclusion qu'ils en tirent est qu'il doivent se retenir de toutes leurs forces au pouvoir ministériel. Cette puissante machine de la centralisation administrative investit ceux qui en disposent d'une force aussi étendue qu'efficace : par les emplois qu'ils confèrent ou promettent, ils agissent sur la plupart des familles douées de quelque valeur; par le prestige de l'autorité supérieure et par les reflets qui en sont projetés sur leurs agens répandus dans toute la France, ils s'attirent cette influence de considération si précieuse à des gouvernans; ils insinuent dans le pays, par la grande classe des fonctionnaires qui sont leurs créatures, telles idées et tels sentimens qui leur agréent; enfin ils opèrent jusque sur la Chambre des dé-

putés, dont certains membres convoitent les hauts
grades, et dont la plupart ont besoin de se faire
les distributeurs des emplois secondaires aux électeurs dont ils dépendent.

Les conservateurs, s'ils ont de la franchise, con-
viendront que, de 1830 à 1837, ils ont établi une
grande partie de leur importance sur l'usage qu'ils
ont fait du pouvoir ministériel. Lorsque le Roi se
fut séparé de leurs personnages principaux, et que
ceux-ci, se regardant comme blessés, invoquèrent le
principe parlementaire, il dut se produire dans la
masse du parti une certaine hésitation. La voix
bien connue des chefs se faisait entendre ; on était
appelé à une croisade contre l'omnipotence royale ;
on était adjuré de considérer et de ressentir l'humiliation du parti jadis commandant en maître,
maintenant soumis à un pouvoir qui, au lieu de
cette mutuelle intelligence du passé, se bornait à
lui transmettre des ordres par la voix d'hommes
subalternes tels que MM. de Montalivet, Salvandy
et Martin. Les exhortations des chefs étaient adressées à la fierté et à l'ambition du parti, mais en
risquant son intérêt. Or, s'il est naturel que le
principal mobile des têtes éminentes soit de com-
mander, il est non moins dans l'ordre, que l'incli-
nation du grand nombre soit la crainte des périls.
Dans la circonstance actuelle, les conservateurs,
éclairés par le tems précédent, étaient convaincus de la nécessité d'une association avec la royauté,

pour être assurés de subsister. Mais la royauté, moins embarrassée par les complications politiques, aspirait à une position plus dégagée et à une direction plus indépendante. A quoi se résoudre? Résister et combattre, c'était briser un système arrêté et s'exposer à tout perdre; c'était d'ailleurs en venir à une alliance avec la gauche, et user des armes qu'on avait vu tant de fois tournées contre soi. Céder et attendre, c'était s'affaisser et perdre de la position, mais c'était garder intact le reste, et surtout on évitait de se compromettre en se mêlant aux rangs ennemis.

La multitude du parti conservateur adopta la décision la plus conforme au bon sens et à l'indication de l'intérêt présent. Elle se rangea autour de MM. Molé et de Montalivet, combattit le principe de la prépondérance parlementaire, fit de la royauté un pouvoir au moins égal à celui que produit l'élection, et soutint que la conduite de nos rapports avec l'étranger avait suffisamment mis à couvert l'honneur de la France. Par suite de la défection des doctrinaires, M. de Lamartine se trouva le premier orateur du parti; à côté de lui surgirent des capacités du second ordre, et MM. Quesnault, Lanyer, Dessauret, etc., se mirent en avant.

L'opposition de M. Guizot avait entraîné celle de MM. Persil, Duchatel, de Rémusat, Jaubert, Jouffroy. M. Duvergier de Haurane avait formé le

4

nœud de la coalition ; MM. Passy et Sauzet étaient
encore pleins du souvenir de leur participation au
ministère du 22 février. M. Thiers commandait le
centre gauche et était le pivot et le grand ordon-
nateur des diverses fractions. M. Barrot avait encore pour adjoint M. Dufaure, et conduisait les
vétérans de l'opposition dynastique. Enfin venaient
les radicaux MM. Laffitte et Arago, et les excen-
triques MM. Berryer et Garnier-Pagès.

Cette énumération justifie le propos de M. Thiers
disant par allusion à ses adversaires : « Vous avez
sans doute la quantité, mais nous seuls avons la
qualité. » Il n'y avait pas en effet de comparaison
possible entre les talens des deux partis, et lorsque
cette réunion d'hommes supérieurs, issus de tous
les points de l'horizon politique, vint réclamer la
haute direction du pouvoir, contre cette multitude
qui ne demandait qu'à se laisser conduire par le
ministère, pourvu qu'il lui assurât ses intérêts
privés, on pouvait prédire un triomphe prochain
de l'intelligence sur le nombre et de l'énergie sur
la mollesse. Notre régime représentatif allait donner un exemple de sa vertu, qui fait, sous un court
délai, prévaloir la supériorité du caractère et de l'é-
loquence sur une majorité indolente et médiocre.

On a encore présens à la mémoire ces combats
de tribune si pleins de verve, d'impétuosité et de
véhémence qui signalèrent la coalition. On se rappelle l'orgueil dédaigneux des opposans, qui vo-

naient tour à tour lancer l'affront à la face du ministère réduit tout entier à la personne de M. le
comte Molé ! Ce gentilhomme aimable grandit
dans la lutte. Sachant bien quel résultat définitif
se préparait, il ne songea qu'à se ménager une retraite honorable et n'usa, dans ce but, que de ré-
futation, sans se laisser aller à la récrimination.
Son tempérament moral ne permettait pas d'ailleurs l'attaque personnelle. Homme de modération
et d'habileté, il avait été appelé au pouvoir pour
amortir les passions politiques. Plus tard, ayant
à protéger sa position compromise, il dut plutôt
retenir le bras qui le frappait que porter lui-
même des coups.

Il était poursuivi sur plus d'un terrain. On lui
reprochait la désertion d'Ancône, l'abandon de la
Belgique au sujet du traité des 24 articles et
une coupable indifférence pour l'Espagne. On lui
disait qu'en face de l'étranger il avait eu peur. La
gauche reprenait ses anciennes imputations de lâ-
cheté. MM. Thiers et Guizot se récriaient sur la noble
audace de Casimir Perrier, qui, par le brusque enlèvement d'Ancône, avait refoulé les Autrichiens et
déployé le drapeau tricolore, signal d'indépendance, aux yeux de l'Italie. Ils remontraient que la
prise d'Anvers, en face des rassemblemens armés
du nord de l'Allemagne, avait été opérée sous leur
ministère du 11 octobre, et que cet acte vigoureux
avait consacré l'indépendance de la Belgique, in-

timidé la presse et fait éclater, comme à Ancône,
la volonté de la France dans la sphère légitime de
son action. Il était déplorable que ces démonstrations aussi fermes que justes, dont le poids devait
long-tems se faire sentir, eussent été rétractées
par la pusillanimité du cabinet du 15 avril. Ainsi
se perdait l'influence du nom français, et lorsque
surgiraient des événemens critiques, ces marques
de condescendance n'auraient-elles pas pour effet
de nous affaiblir d'une manière considérable.

M. Molé répondait avec des pièces authentiques
qui auraient attesté des engagemens pris avant lui.
Il n'avait fait que persévérer dans la voie ouverte
par ses prédécesseurs. Qui était responsable de
l'héritage qu'il avait reçu, si ce n'est ceux qui le
lui avaient involontairement légué? Sans vouloir
entrer dans la question étrangère qui aura sa place
à part, faisons observer seulement que M. Molé
était attaqué moins dans ses actes positifs que dans
ses intentions, dans son attitude générale et dans sa
complaisance pour une politique dont on suspec-
tait la vigueur vis-à-vis de l'étranger. Aussi éluda-
t-il l'objet principal, et sut-il se tirer de ces débats
orageux, par des argumentations empruntées à des
conventions dont on pouvait contester la validité
et l'obligation, mais qui, du moins, avaient pour
elles l'apparence littérale.

Des difficultés tout autrement sérieuses surgissaient du principe parlementaire, toujours couvé

dans le sein de la gauche, et maintenant proclamé
par M. Thiers et les doctrinaires. Lorsque ceux-ci
étaient au pouvoir, et qu'ils n'avaient en face d'eux
qu'une opposition fougueuse et indisciplinée, ils
avaient le droit d'écarter toute question de principe,
et de ne répondre que par une fin de non-recevoir
et par l'accusation sans cesse répétée qu'on n'en
voulait rien moins qu'à l'ordre social et aux lois.
Mais, reprenant le thème de la gauche et le purgeant
de toute arrière-pensée anarchique, ils élevaient la
discussion à un degré vraiment rationnel; ils met-
taient à nu l'organisme de notre état politique;
ils en démontaient les ressorts, et faisaient voir
clairement que son véritable moteur est la force
parlementaire.

«C'est au nom de l'ordre, disaient-ils, c'est au
nom des nécessités sociales, c'est pour ne pas être
renversé par une force souveraine, mais pour la
tourner au bien général, que nous nous plaçons sous
l'égide du principe parlementaire. Ce n'est pas nous,
les restaurateurs de l'ordre, les fondateurs de la
monarchie constitutionnelle, que l'on accusera
de caresser l'insurrection et de dissoudre l'autorité. Nous avons fait nos preuves; nous avons ré-
primé et commandé jusqu'à nous rendre impopu-
laires, jusqu'à attirer sur notre tête des torrens d'injures et de malédictions. Peu nous importait alors;
ce que nous voulions, ce n'était pas les louanges
du public, c'était le salut de l'État. Aujourd'hui

nous suivons la même inspiration, et nous pen-
sons qu'il serait funeste que la volonté royale se
repliât sur elle-même, dédaignât les conseils des
pouvoirs électifs et cessât d'être en rapport constant avec l'opinion nationale, par l'intermédiaire
de ministres qui en soient le produit et l'image.
Cette tendance perce déjà et ne ferait que s'accroître si la Chambre n'y portait remède. Nous devons
au pays, nous devons à la couronne de déclarer le
danger et de relever le principe parlementaire qui
semble compromis. »

Ces argumens étaient, on le voit, fort redoutables. Jamais jusqu'alors l'opposition ne s'était
formulée en termes aussi plausibles. La question
était limitée dans l'enceinte de la Charte, et il suffit
d'un peu raisonner pour remonter bientôt au principe substantiel du pouvoir, c'est-à-dire, au vœu
national régularisé par les voies constitutionnelles.
Le vice radical du parti rangé autour de M. Molé se
dévoilait, et il devenait visible que ce parti, sans
consistance et sans confiance en lui-même, ne
croyait à son existence qu'en vertu de sa possesion
du pouvoir, privilége qu'il achetait bien chèrement, en se résignant à subir une influence inconstitutionnelle. La violation du principe représentatif
était rendue patente, et il semblait que la vie constitutionnelle fût menacée d'une sourde dissolution.

M. Guizot s'énorgueillissait de reproduire ses
larges théories. Dédaignant alors l'amour du pou-

voir et l'observation des faits positifs, il rentrait avec ardeur dans ses méditations de publiciste, et s'inquiétait peu de ces paroles injurieuses lancées contre lui par d'anciens séides : « Nous pourrons vous rendre notre appui, mais vous n'aurez jamais notre estime. » M. de Rémuzat jetait avec hauteur ces mots significatifs: «Mais c'est nous qui avons créé la royauté de juillet.» M. Thiers invoquait son origine révolutionnaire. Enfin la gauche ressuscitait et reprenait avec plus de ferveur que jamais, mais aussi avec plus de règle, ses attaques passionnées. C'était dans la Chambre un concert unanime de toutes les voix habituées auparavant à se combattre et à déchirer les partis adverses. Le débat placé sur le terrain de l'adresse embrassait toutes les questions capitales, et se prolongeait avec une irritation croissante. Le ministère était accablé par l'opiniâtreté, la force et l'amertume de ses adversaires ; cependant il ne recula pas. Il plia sous un poids écrasant, mais il ne lâcha pas sa position.

M. Molé, par sa vigilance et sa souplesse, esquiva les coups les plus dangereux, ménagea habilement sa retraite et sut rallier constamment autour de lui 221 adhérens dociles. Qui se serait attendu à ce qu'à la discussion il regagnât des suffrages, lorsque la nomination des commissaires de l'adresse avait manifesté une majorité hostile ?

Qui aurait prévu que, dans une cause dont le plus

grand ennemi était le grand jour, c'eût été la controverse orale et publique qui lui ramenât des partisans. Mettant à part les secrètes manœuvres ministérielles, voici, ce me semble l'explication de cette anomalie. Jusqu'au moment où la mêlée s'engagea, beaucoup de conservateurs croyant que les doctrinaires ne voulaient que regagner paisible-ment le pouvoir, leur avaient promis appui et con-cours; mais voyant que les moyens employés à cette conquête étaient violens, attaquaient le trône et déroutaient tous leurs erremens passés, ils se prirent subitement d'épouvante, et coururent se réfugier à l'ombre paternelle de M. Molé. Qu'on joigne encore à ces motifs les sentimens jaloux de certains députés préférant une monarchie douce et bienveillante à l'aristocratie hautaine des talens.

C'est ainsi que les doctrinaires se trouvèrent dés-appointés, réduits qu'ils furent à un petit nombre de compagnons énergiques et déterminés. Ils luttè-rent vaillamment, agitant avec audace le principe parlementaire, ne craignirent les inconséquences ni du passé ni de l'avenir, et se livrèrent tout entiers à leur théorie, qui devait, soit consacrer l'existence personnelle et indépendante du parti conservateur, malgré la répugnance de la masse aveugle de ses membres, soit lui préparer pour un avenir indé-terminé un modèle de constitution forte et solide. Sur cette question générale d'indépendance des partis, il n'y avait rien qui ne les tînt en intimité

avec la gauche et qui n'échauffât leur ardeur commune. M. Molé parait à ces redoutables attaques,
en reproduisant contre la gauche les accusations
que lui avaient jadis prodiguées les doctrinaires
et en rétorquant contre ceux-ci leurs propres antécédens. Il suppliait qu'on sortît des généralités
qu'il représentait comme de vains artifices de paroles, comme de purs sophismes, et il pensait répondre à tout en argumentant de la paix et de la
prospérité publique. Il dut se réjouir d'un légitime orgueil lorsqu'il eut vu l'adresse démolie
pièce à pièce de ses propres mains. Cependant la
majorité qui l'avait soutenu n'en était pas une;
elle s'était composée dans un moment de crainte et
de confusion; l'ascendant des hommes supérieurs de l'opposition allait la désorganiser et faire
échouer le ministère à chaque pas. Il fallut dissoudre la Chambre.

CHAPITRE III.

.

Les élections de 1839 furent favorables à la
coalition. La sagacité de M. Molé avait dû l'en instruire ; il ne voulut pas affronter une Chambre
qui joindrait à l'hostilité ancienne le sarcasme du
triomphe. Il se retira et les chefs des coalisés furent appelés à former un cabinet. C'est alors que
commencèrent à se révéler les embarras qui mirent tant de trouble dans les arrangemens politiques des années suivantes. Soit que des semences
de division fussent jetées secrètement, soit plutôt
que des incompatibités natives se fissent sentir, le
fait est que MM. Thiers et Guizot ne purent s'accorder à composer ensemble une administration.
Il est vrai qu'une des conditions du centre gauche
était que le chef de la gauche eût la présidence de
la Chambre. M. Guizot ne savait trop quelle bonne
raison opposer à un partage équitable des positions
politiques, mais, se voyant sur le point d'être absorbé par le parti libéral, il s'en défendait par une
mauvaise volonté concentrée. Peut-être s'aperce-
vait-il déjà, à cette époque, de la faute qu'il avait

commise, et se faisant à lui-même des reproches,
il était peu facile à accommoder. Il voyait ses vœux
déçus; il s'était figuré qu'après la victoire de la
coalition, tout un parti compact et indépendant se
leverait à sa voix; il avait pensé que les conservateurs qu'il avait dirigés si long-tems s'empresseraient,
à sa suggestion, de se soustraire à la protection onéreuse du pouvoir et de former librement à la gauche le contre-poids qu'il avait toujours voulu. Au
lieu de ce beau résultat, au lieu de cette suprématie sur l'élite de la société, au lieu de cette position rivale de celle de la royauté, il s'était vu
abandonné de la masse des conservateurs, repoussé
et confondu dans les rangs de la gauche, obligé
trop souvent de se plier à la tactique et aux allu-
res de celle-ci, que même à ce moment il avait
absoute et vantée; enfin, au jour de la victoire, il
restait presque isolé, réduit à un second rôle et à
une légère part d'influence. MM. Thiers et Barrot
le primaient, s'imposaient à lui, et prétendaient
presser dans toutes ses conséquences le principe
parlementaire, dont il n'avait cru user que comme
d'une arme passagère.

M. Guizot, trompé, humilié, chagrin, morose,
mécontent des autres et de lui-même, errait dans
les contradictions. Sera-t-il fidèle aux principes
qu'il a naguères proclamés, et qui s'assortissent le
mieux à son esprit spéculatif? Mais il sacrifie sa
brillante dignité de chef de parti aux solitaires sa-

tisfactions du penseur, et l'intérêt pratique et positif à un plan purement théorique. Cette incertitude pèse sur lui, l'énerve et ne lui inspire d'autre décision que de proscrire ou de neutraliser tout ce qui le heurte, c'est-à-dire, tout établissement caractéristique, la pleine inauguration du principe parlementaire, aussi bien que la restauration du parti Molé, du parti des conservateurs royalistes.

Cette perplexité et cette résolution de tout exclure amenèrent le cabinet du 12 mai. On a dit que cette administration improvisée avait été le produit de l'émeute, qu'à ce moment où il fallait à tout prix une force gouvernementale, on avait, sans trop de discernement et sans qu'on se préoccupât de leur insuffisance, fait des choix, tels qu'ils s'offraient. Je crois au contraire que, s'il en fut ainsi, ce fut le résultat inévitable et calculé de l'embarras de M. Guizot et de la retraite mesurée de la volonté qui avait été surmontée par la coalition.

Cette volonté sentait qu'elle s'était beaucoup trop avancée, et qu'il ne lui restait plus qu'à se retirer avec le moins de discrédit possible. M. Guizot, de son côté, revenait sur ses pas, de sorte que cet acquiescement d'une part, et, de l'autre, cette retraite amenèrent une rencontre et un accord. Il fut convenu qu'on atténuerait peu à peu la divergence antérieure, et qu'on effacerait de récens et éclatans souvenirs par une fusion des couleurs tranchées en des nuances de transition ; qu'on

ouvrirait les portes du ministère à la coalition,
mais qu'on n'en laisserait l'accès qu'aux chefs secondaires. Ceux-ci, séparés de leurs maîtres, devaient nourrir dans leur ame l'orgueil du pouvoir, s'arroger le premier rôle et tendre à l'initiative. Dans cette position', ils auraient besoin
d'un appui, et on le leur ferait payer. M. Dufaure
était enlevé à M. Barrot, et MM. Passy et Teste à
M. Thiers; M. Duchatel figurait comme représentant de M. Guizot; enfin M. Cunin - Gridaine
formait le lien avec l'ancienne majorité. Je passe
sous silence MM. Schneider et Duperré, et je note,
à propos du maréchal Soult et de M. Villemain,
qu'on fondait sur eux et M. Passy le pivot de la
résistance au développement de la coalition.

On savait, en effet, que le vieux Maréchal et
M. Passy avaient chacun la prétention, l'orgueil
de présider à un système individuel de politique.
On pensait, avec raison, qu'ayant en commun le
désir de se soustraire aux influences supérieures des
premiers chefs de parti, ils s'entendraient et s'u-
niraient étroitement. M. Villemain n'aurait pas
conçu à lui seul cet ambitieux espoir, mais il devait se trouver enchanté de coopérer efficacement
à l'œuvre de ces deux ministres, en leur fournis-
sant le secours indispensable de sa parole. Quant
à M. Teste, il était en liaison personnelle avec le
Maréchal ; M. Cunin-Gridaine s'occuperait de son
commerce ; enfin, la probité un peu ingénue de

M. Dufaure, mêlée à une certaine estime de soi, devait assurer son concours.

Voilà donc un ministère formé, représentant par ses membres les divers partis de la coalition. Le public pouvait penser que les opinions victorieuses, bien que privées de leurs principaux organes, n'en prévaudraient pas moins dans les conseils de la couronne; seulement elles passeraient des chefs à des intermédiaires, qui les transmettraient dans leur fidélité, et ne les dépouilleraient que de leurs aspérités et de leurs arêtes tranchantes. Qu'avaient à objecter les chefs de parti? Avaient-ils combattu pour des opinions nationales ou pour des ambitions privées? Dans le premier cas, ne devaient-ils pas se tenir pour satisfaits, et dans le second, méritaient-ils d'être écoutés?

Il fallait que l'épreuve eût eu son cours, pour montrer que le ministère du 12 mai était entaché du même vice, sauf le degré, que le ministère du 15 avril. Issu de la coalition, il devait se souvenir de son origine; mais formé dans une vue d'exclusion des grandes influences parlementaires, il devait succomber par le même endroit que son prédécesseur. Que dire de sa durée? Elle fut courte: on était las des dernières agitations, et la session de 1839 s'écoula dans la plus grande indolence. Chacun était mécontent, à l'exception de quelques hommes exhaussés au pouvoir; mais les argumens faisaient défaut au froissement intérieur. On vi-

vait dans l'expectative, on ne croyait qu'à une ar-
mistice, on attendait l'occasion d'engager de nouveau la lutte; seulement les motifs ne s'offraient
pas encore, et tout l'art des ministres consistait à
maintenir l'état provisoire, à convenir sur les questions qui surgissaient, *qu'il y avait quelque chose
à faire,* sans qu'ils osassent entrer dans aucune
grave complication, et prendre aucune décision
importante.

Le seul fait digne d'être signalé fut la nomination de M. Guizot à l'ambassade de Londres. Cet
acte, par lequel M. Sébastiani était remplacé, reçut
diverses interprétations. On voulut y voir un acte
d'énergie vis-à-vis de la royauté, et la mise en application des intentions patriotiques de la coalition.
Des plaintes avaient été émises au sujet de notre
refroidissement avec l'Angleterre. C'était à l'incli-
nation bien connue de M. Molé pour la Russie
qu'il fallait attribuer le refus du cabinet anglais de
nous appuyer dans la question belge, ainsi que la
complaisance que celui-ci mettait à écouter les ou-
vertures de M. de Brunow, le dépositaire des secrets desseins du Czar. M. Guizot nous ramène-
rait l'amitié de l'Angleterre ; il resserrerait les
nœuds de la quadruple alliance, et, au cas où ses
efforts en ce sens échoueraient, ses déclarations
récentes lors de la coalition étaient un gage suffisant de la fermeté de son attitude.

Ce n'est pas ainsi, à mon avis, que fut médité

l'envoi de M. Guizot à Londres. Sur ce point, il y a
à considérer trois pensées différentes qui se réuni-
rent pour vouloir cette mesure ou y acquiescer,
celle de la Couronne, de M. Guizot et du cabinet
du 12 mai. La Couronne pénétrant le repentir secret de M. Guizot, et pressentant l'arrivée prochaine
de M. Thiers aux affaires, ne redoutait rien du premier en fait de témérité, et comptait même l'opposer au second, si celui-ci voulait, étant premier
ministre, réaliser les promesses de l'opposition et
inquiéter l'Europe par la fierté et les menaces.
M. Guizot ne demandait, à cette époque, qu'à
être tiré de sa fausse position, soustrait aux conséquences de la coalition et dégagé de son rôle de
tribun, sans pourtant s'exiler de la politique et
permettre que de nouvelles situations s'affermis-
sent sans son intervention. En conséquence, il aurait aimé à sortir de France, mais pour devenir à
Londres notre organe dans toutes les hautes questions européennes qui pour lors se compliquaient
gravement; il se fût absenté de la Chambre, mais
pour reconquérir sur un terrain élevé une grande
influence, pour laisser s'évanouir à l'intérieur des
souvenirs qui lui pesaient, pour qu'enfin la classi-
fication des partis changeant sans qu'il eût à se
prononcer au moment même, il s'en présentât un
dans la suite qui l'adoptât pour chef et le fît
sortir de la solitude décourageante où il se trouvait. Le cabinet du 12 mai, qui avait des velléités

de gouverner par lui seul, aurait volontiers offert la direction de la pairie à M. Guizot, assisté de M. Royer-Collard, et l'ambassade de Londres à M. Thiers, si désireux de relever la France de son apathie. Mais M. Guizot ne voulait pas encore de la retraite, d'ailleurs il y a au Luxembourg beaucoup de nobles têtes décorées des couronnes de comte et de marquis, qui n'eussent pas consenti à plier sous le geste du professeur doctrinaire. De son côté M. Thiers, qui avait derrière lui un nombreux et solide parti, n'aurait pas sacrifié son éminente position de chef de la gauche. Au surplus, comptant renverser bientôt le cabinet, il ne voulait pas en recevoir de délégation. Le ministère n'ayant donc prise que sur M. Guizot, se débarrassa au moins de sa tutelle en l'envoyant à Londres, et espéra, usurpant son rôle, refouler M. Thiers dans le parti des révolutions.

Ces diverses sortes de tactique concourant au même point, n'échappèrent pas à M. Thiers. Il vit que la phalange coalitioniste était singulièrement démembrée; que M. Guizot n'attendait que le moment de ressaisir le commandement du centre droit; qu'une partie du centre gauche s'était fait une destinée à part avec MM. Passy, Dufaure, Teste et Dupin, et qu'ainsi les forces libérales se trouvaient réduites de manière à ne plus offrir une majorité. Il ne s'effraya point. Il dominait la Chambre par la discussion : on n'abordait pas une ques-

tion qu'il ne la traitât avec une supériorité qui le
constituait de fait le maître des délibérations ; ses
discours étaient qualifiés de *discours ministres ;*
son parti était le seul compact, depuis trois années
il le disciplinait, tandis que ses adversaires étaient
divisés, mal à l'aise, les uns et les plus redoutables étant sous le poids de leurs engagemens de la
coalition, et les autres, les débris du parti Molé,
gardant rancune à ceux-ci. Arrivé aux affaires, il
aurait pour appoint à ses adhérens par sympathie,
les serviteurs infaillibles du pouvoir, ceux qui
avaient été appelés le mobilier et le bagage de tout
ministère. Enfin, il devenait l'unique représentant
du grand principe qui avait triomphé dans la
coalition, le seul homme d'état qui s'appuyât franchement, exclusivement sur un parti national.

Repassant dans son esprit toutes ces chances de
succès, M. Thiers résolut de s'emparer du pouvoir. Trois voies s'offraient à lui pour parvenir à
ce but : se montrer le protecteur, tellement indispensable du ministère, que tôt ou tard les circonstances s'aggravant, son entrée au cabinet fût
de rigueur ; ou bien, sans manifester d'hostilité
contre les hommes du 12 mai, en agir avec eux
comme on avait fait en 1838 à l'égard de M. Molé,
c'est-à-dire, s'emparer de toutes leurs positions,
les modifier, les rendre méconnaissables ; et sup-
primer l'intention primitive ; ou encore lui faire
une guerre ouverte et le renverser d'un seul coup.

Le dernier parti était le plus prompt, le plus dé-
cisif, mais il demandait une occasion, et on devait croire que le ministère se garderait bien de la
fournir.

Voilà cependant qu'il s'avise de proposer une
dotation de 500,000 fr. pour le duc de Nemours,
qui allait se marier. Il se tend le piége à lui-même
et se laisse égarer par une fausse croyance en une
popularité donnée par la coalition et maintenant
évanouie, et par une analogie abusive avec ce qui
avait eu lieu pour le duc d'Orléans. La Chambre
s'est montrée courtoise envers le prince royal, elle
lui a octroyé deux millions sur la demande de
M. Molé. Elle ne déniera pas le quart de cette
somme au second fils du Roi, lorsque MM. Passy,
Dufaure et Duchatel le solliciteront. Cependant
elle refuse net. Elle a consenti à doter d'un bel établissement l'héritier du trône, parce que celui-ci
est un autre roi, un roi futur, un élément du système constitutionnel, un homme dont l'existence
est destinée à faire les affaires du pays. D'ailleurs
le duc d'Orléans est un prince libéral, généreux,
comprenant et aimant l'esprit de la révolution de
juillet ; c'est ainsi du moins que l'opinion le représente. Il n'en est pas de même pour le duc de Nemours, en qui la Chambre ne voit qu'un prince
affranchi de la loi commune d'égalité. Sa position
l'élève assez, sans que sa fortune ne s'accroisse,
jusqu'à lui donner le moyen d'ouvrir une maison

splendide, asile des mécontens et appât des ambitieux qui voudraient s'avancer autrement que par
les voies légales et publiques. La loi qui a décidé
qu'au cas où les ressources personnelles du Roi
seraient insuffisantes pour établir convenablement
ses héritiers, l'État y subviendrait, n'a pas d'application à la circonstance présente, car le domaine
privé est opulent. On demande pour le duc de Né-
mours plus que le convenable, on lui veut une
existence somptueuse, imposante ; on veut non
seulement suffire à ses besoins, mais lui en créer
de nouveaux, et lui acquérir la faculté d'entretenir
autour de lui une troupe de courtisans et de pen-
sionnaires, un centre d'action extra-légal. Ce n'est
pas que la somme de 500,000 fr. soit exorbitante,
mais l'intention qui en dicte la demande inspire la
méfiance.

La Chambre refuse donc la dotation. Il ne serait
pas vrai de dire que les considérations que je viens
d'énoncer aient été communes à toutes les parties
de la majorité opposante, car elle était encore composée par coalition. A la gauche étaient venus s'ad-
joindre, avec autant d'impatience que de maladresse, les hommes les plus fixes du parti Molé,
ceux qui tenaient à se distinguer et qui, à force de
se débattre contre le système parlementaire et d'a-
giter les questions théoriques, avaient fini par être
assujettis à ce mode de conception, et par aimer à
se faire aussi des systèmes. On se rappelle peut-

être les idées chimériques de l'illustre poète, combinant ensemble, et ses sympathies monarchiques, et son aversion réfléchie ou involontaire pour les classes moyennes, et les exigences du siècle qui veut la liberté et l'égalité, prétendant prouver l'inconséquence du principe parlementaire, tandis qu'il le pousse à ses extrémités populaires, et déclarant enfin son système par cette expression : *démocratie royale.* Sans doute de telles idées n'ont pas de fondement, mais, jointes aux rancunes contre la coalition, elles décidèrent M. de Lamartine à s'isoler des conservateurs et à voter contre le cabinet du 12 mai. Des motifs analogues agirent pareillement sur un certain nombre de députés.

Si la présentation du projet de dotation fut imprudente, sa défense dénote une singulière incurie. L'attitude qu'eut la gauche en séance publique montre assez qu'elle avait évalué à coup sûr la force de l'opposition, et que le rejet de la loi n'offrait aucune incertitude. Le ministère aurait dû voir un fait aussi patent, et il accusait en le méconnaissant un aveuglement étrange. Aussi sa consternation fut grande. Avoir été battu de prime-abord, complètement et sans avoir l'honneur de disputer le succès, c'était être à la merci de ses adversaires, c'était subir plus qu'une défaite, en outre une humiliation ; c'était être traité comme un inférieur, avec qui les précautions et les efforts sont superflus et qui cède dès qu'on le touche.

CHAPITRE IV.

MINISTÈRE DU 1ᵉʳ MARS. — M. THIERS ET LA GAUCHE. — TRAITÉ DU 15 JUILLET. — SOULÈVEMENT GÉNÉRAL D'INDIGNATION. — ACCABLEMENT DU PACHA. — APAISEMENT DU MOUVEMENT BELLIQUEUX.

La loi sur la dotation n'était pas une question de cabinet, cependant le ministère n'hésita pas à se retirer. Il emportait avec lui le dernier rempart qui pût couvrir les conservateurs contre le parti hardiment libéral. La volonté qui avait à faire un choix ne pouvait plus reculer, son obligation était formelle. Aussi le cabinet du 1ᵉʳ mars fut-il instantanément constitué. M. Thiers qui avait eu toute latitude, ne donna pas toutefois de position gouvernementale à la gauche pure ; il lui réserva les dignités parlementaires. Il était sûr de son appui, parce qu'il avait en face de lui un parti conservateur auquel revenait peu à peu M. Guizot et s'adjoignaient les partisans aigris de la dernière administration, et qu'il était résolu d'user contre ce rassemblement hostile de toute la force des principes de la coalition.

De même que les conservateurs demandaient en dehors de leur parti, à la couronne, un appui étranger, M. Thiers se ménageait l'influence d'une opinion placée au-delà des pouvoirs constitutionnels. Ainsi il comptait user des idées, des forces et de l'activité de la gauche, tant dans la Chambre qu'au dehors, sans l'admettre pourtant au maniement des affaires. Il se méfiait de son ancienne impétuosité ; il ne croyait pas son éducation gouvernementale accomplie, et pensait à la poursuivre encore. Dans ce dessein, il lui préparait des postes secondaires, mais qui offrissent déjà des difficultés de pratique ; il lui ferait part de ses préoccupations de chaque jour, et, feignant de lui demander des conseils, il lui poserait des problèmes, l'embarrasserait par les complications occurrentes, et l'assouplirait par cet exercice répété.

M. Thiers ne se crut pas tenu de rédiger un programme. Ces sortes de manifestations ne sont pas à l'adresse des hommes politiques, mais de la masse. Ce sont des engagemens que prend un ministère de réaliser un certain nombre d'améliorations, en-deçà desquelles il ne pourra rester ; ce sont des gages qu'il satisfera à son parti sur des points tellement précis, que toute tergiversation soit vaine, et que toute séduction même royale tombe sans effet. Or M. Thiers, on le savait, ne fût rentré en grace avec les conservateurs et une haute volonté, qu'en abdiquant son importance du premier ordre, et en devenant subordonné de maître qu'il était. Son intérêt garantissait donc sa fidélité à la gauche, elle acceptait sa suprématie sans condition formellement énoncée. Quant à l'opinion publique, la presse libérale l'avertissait assez pour qu'elle ne fût pas plus exigeante. On pensait généralement que M. Thiers s'efforcerait de faire le plus possible de conquêtes libérales, afin d'accroître en proportion sa responsabilité, son mandat et sa puissance.

Mais il fallait à ce dessein le secours d'une adroite tactique; ce n'est pas subitement et avec brusquerie qu'on enlève une position occupée neuf ans par un parti adverse. La machine gouvernementale n'est pas aussi mobile que l'opinion et aussi prompte qu'elle à se former; elle renferme mille intérêts, mille positions fort tenaces qu'une application patiente et suivie peut seule concilier. M. Thiers n'avait pas moins à façonner le gouvernement à la gauche que la gauche au gouvernement. La gauche qui entrevoyait cette double nécessité, y souscrivait, sentait le besoin de se contenir, et, lorsqu'à des provocations isolées M. Thiers répondait par une fin de non-recevoir, elle se bornait à dire qu'elle réservait telle ou telle question, et qu'elle n'ajoutait pas son refus à celui du ministère.

Il y avait encore un bénéfice pour le parti libéral à ce qu'un programme ne vînt point formuler d'explications. La gauche avait, dans sa longue opposition, amassé une série innombrable de griefs. A l'avénement de M. Thiers, elle en fit deux parts, l'une qu'elle mit au néant, et l'autre encore considérable dont elle voulut le redressement. Mais les réparations auxquelles elle prétendait au-

raient signalé une rupture trop forte dans l'en-
chainement gouvernemental, si elles se fussent pro-
duites subitement. Il est un pouvoir qui aurait pu
en être grièvement offensé, et les hommes à tendances libérales, mais circonspects et amis de l'ordre, et il en est beaucoup de tels, se seraient
peut-être associés à la résistance, ou du moins auraient gardé la neutralité. Leur conviction aurait
faibli devant la crainte de l'agitation.

Il fut donc convenu qu'on se réduirait extérieu-
rement au silence, et qu'on travaillerait dans l'intimité à un plan de réformes mitigées, applicables,
et devant être soumises dans leur présentation à de
certains intervalles. Si M. Thiers se déclarait sur
certains points, comme pour la définition du mot
attentat dans les lois de septembre et l'extension
des incompatibilités parmi les éligibles, ce ne fut
pas que ses alliés l'y forçassent, il le faisait spontanément pour marquer un degré dans la carrière,
et pour que les conservateurs ne crussent pas
qu'ils l'intimidaient.

Quant à la composition du cabinet du 1ᵉʳ mars,
du moment où la gauche ne devait pas y avoir de
représentans déclarés, il n'y avait pas d'empêchement à ce que ceux d'entre les doctrinaires qui s'é-
taient sincèrement dévoués aux principes de la
coalition, qui s'en étaient empreints, comme de
dogmes invariables, et y avaient suspendu leur destinée politique, ne fissent partie de la nouvelle

administration. M. Thiers qui avait l'attention surtout dirigée vers l'extérieur, était bien aise que
l'intérieur fût régi par une main façonnée aux habitudes de discipline et de hiérarchie. A ce titre,
M. de Rémusat lui convenait. C'était un homme
franc et droit dont le concours ne devait pas être
équivoque. M. Jaubert, outre sa capacité recon-
nue, garantissait le secours précieux de M. Duvergier de Haurane. MM. Pelet et Vivien, deux des plus
constans soutiens du centre gauche, M. Cousin,
connu pour son zèle envers le président du Conseil
et désireux de nouveautés dans son département,
M. Gouin, perpétuelle menace d'une conversion des
rentes, enfin MM. Cubière et Roussin, spécialités
militaires, entraient dans le cabinet pour le compléter. Cet ensemble suffisant quant au mérite, mais
séparé par une distance notable de la hauteur de
talent du président, avait l'avantage, en se concen-
trant en une seule tête, de donner un caractère
d'unité et de fermeté aux décisions qui en éma-
neraient, et de se présenter en corps compact vis-
à-vis du pouvoir invariable.

Sur ces entrefaites, comment M. Guizot se com-
portait-il à Londres? Il devenait l'agent, le subordonné de M. Thiers. C'est de lui qu'il recevait ses
instructions, c'est son impulsion qu'il devait suivre. Assurément cette position était délicate et
de nature à froisser l'amour-propre. L'ambassadeur allait se trouver engagé et absorbé dans la

politique du ministère ; ses erreurs seraient taxées
de déloyauté et ses remontrances d'insubordination. Il défaillait au parti conservateur, qui allait
se reconstituer sans qu'il y présidât. Il s'amoin-
drissait et se livrait à son adversaire.

Je crois qu'il eût bientôt quitté son poste, sans
deux raisons qui le déterminèrent à y rester. La
première fut que les événemens ne se dessinèrent
pas d'abord avec assez de caractère pour lui faire
une place libre et l'appeler à un rôle tranché.
M. Thiers voulant aller loin ne se précipitait pas ;
embrassant de l'œil un terrain étendu, il allait à
pas mesurés, craignant de se mettre tout d'abord
hors d'haleine, et cette allure rencontrait plus de
surveillans que d'ennemis. D'autre part, M. Guizot
était retenu à Londres par une haute influence
qui, éclairée sur l'avenir, sur les nuages qui s'a-
moncelaient à l'horizon, maintenait l'ambassadeur
de son gré à l'endroit où s'agiteraient les négociations importantes et se fixerait le nœud de complication européenne, tandis qu'elle exercerait à
l'intérieur une direction sans rivale sur le parti
conservateur. M. Guizot eut tort de céder ; lui, qui
avait si souvent et avec raison professé le devoir
d'obéissance exacte des subordonnés, allait, dans
ses fonctions spéciales, mal servir son chef et ailleurs travailler sourdement contre lui. Sans doute,
tel n'était point son dessein, et il n'allait pas jouer
le destin de la France contre le prix d'une mesquine

ambition; mais la force de sa situation, la pente de ses arrière-pensées et le pouvoir d'attraction de sa vue à l'égard de l'avenir, devaient à son insu rompre ses meilleures intentions, ébranler son jugement et le faire dévier de la droite ligne.

Aussi quelle ne fut pas la stupéfaction de la France, à la nouvelle du traité du 15 juillet. En vain la haute et profonde intelligence de notre ambassadeur avait fait croire que les conférences de Londres seraient scrutées, pénétrées, mises à jour et déroutées. La mission de M. de Brunow, cette conspiration contre la France s'était entamée, poursuivie et accomplie à la face de M. Guizot, sans qu'il s'en fût aperçu, et qu'il eût démasqué la perfide amitié dont nous entretenait lord Palmerston. Les notes de l'ambassadeur français, écrites d'un style sentencieux, avaient été complètement en dehors de la chaîne des événemens. Sans doute, l'œuvre se tramait dans l'ombre; mais le diplomate doit avoir une seconde vue, être doué de l'œil du lynx qui perce les ténèbres. Il sait tirer ses diagnostics de la physionomie spéciale et fugitive des cours. Dans ce milieu, où se traitent d'immenses intérêts sous une forme délicate, il sait discerner ces nuances insaisissables et ces traits subtils dont l'apparition est si courte. Qui voudra arrêter ses regards sur une surface aussi glissante, devra y appliquer un tact fin, soutenu par une vigilance infatigable et mis au service d'une vaste compréhension du sujet. Or ces qua-

lités ne se trouvent qu'imparfaitement chez M. Guizot, doué d'une grande force de déduction, mais
n'ayant pas, il s'en faut, au même degré, cette
perspicacité qui suit un fait variable dans toutes ses
chances et tous ses détours. De plus, sa mauvaise
humeur secrète le décourageait et lui ôtait ce sti-
mulant du cœur, qui est un si grand auxiliaire aux
facultés de l'esprit. Il fut surpris comme un no-
vice à la notification officielle du traité.

C'est de cette époque que date le dénoûment,
puis la confusion de la coalition. Dès lors les mal-
entendus et les ajournemens disparaissent ; le parti
coalitioniste a subi des défections, la division a
été semée dans ses rangs par l'appât offert aux ambitions secondaires de jouer un premier rôle, ou
par des repentirs venus tardivement ; mais il n'a
plus de fraction chancelante, il est homogène et
résolu. L'occasion se présente de faire acte d'énergie, et il la saisit. Les armes avaient deux tran-
chans, l'un tourné vers l'intérieur, l'autre vers l'é-
tranger. M. Thiers ne se souciait de réformes
libérales, qu'autant qu'il en faudrait pour satisfaire
ses partisans et tenir en respect ses adversaires ;
mais il voulait déployer toute sa force à l'extérieur.
Une fois déjà, au mois d'août 1836, il avait sacrifié
sa position ministérielle à son dessein d'intervenir
en Espagne. Depuis ce tems, il s'était montré zélateur ardent de l'honneur national. Il prétendait
que la puissance d'une grande nation comme la

France est amoindrie, si elle ne s'exerce dans une
vaste sphère extérieure. Son devoir n'est pas seulement la conservation de soi-même, mais la protection des états secondaires qui , ne pouvant soutenir leur pleine indépendance vis-à-vis des grands
états, sont fatalement entraînés dans le mouvement
de ceux-ci. Au milieu de ces attractions absor-
bantes la France ne pouvait pas rester inerte; il lui
fallait maintenir ou conquérir le cercle d'influence
qui lui appartient légitimement ; il fallait qu'en
tout lieu où ses intérêts commerciaux , des rapports d'harmonie et les sympathies des peuples
l'appelleraient, elle se montrât fière , forte ou généreuse. Sous ce point de vue , M. Thiers déclarait que nous étions déchus. Notre gouvernement
avait eu raison de comprimer l'essor de la propagande, mais en revanche son langage était resté
imposant, tant que Casimir Perrier et le cabinet
du 11 octobre avaient été à la tête des affaires.
Ils avaient même , à Ancône et à Anvers, fait avancer nos baïonnettes, emporté d'assaut deux cita-
delles, et repoussé à distance l'Allemagne absolutiste. Ce fut notre période de progrès et d'honneur.
Mais depuis 1836, notre attitude avait changé, une
crainte excessive avait succédé à la conscience calme de notre force. Nos ennemis s'étaient enhardis,
et nos alliés dédaignaient les engagemens contrac-
tés avec nous et , peu inquiets du mécontentement
que nous ressentirions, songeaient à profiter de leur

liberté pour régler sans nous et à notre détriment les affaires européennes. Cette situation était mauvaise, il fallait nous en relever. Si le gouvernement avait dû, pendant qu'il était tems encore, maintenir à nos alliés un accord persistant, résolu et sincère, maintenant il importait de faire voir que leur abandon ne nous découragerait pas, t que, moyennant un surcroît d'énergie, nous reviendrions aux jours où nous pesions à nous seuls dans la balance du monde entier.

Tel était le thème de M. Thiers, porté par sa nature aux entreprises grandes et périlleuses. Dans les premières années qui suivirent la révolution de juillet, il n'était pas maître de la situation, il n'était qu'un des premiers serviteurs d'une politique manquée et présidée par d'autres que par lui. Arrivé, en 1836, au plus haut degré de son ambition, il avait échoué précisément sur une question de dignité nationale. C'est par là qu'il avait été conduit au rôle éminent de chef du parti libéral. C'était donc pour lui une base, une assiette ; c'était la devise qu'il avait adoptée au regard de ses amis et de ses adversaires. Aimant un pouvoir vigoureux et incontesté, mais, commandant au parti des réformes, il ne pouvait en jouir qu'en détournant l'attention publique sur un terrain où le délégué du pays exerce un mandat sans contrôle.

De son côté, la gauche cessait de réclamer la rive du Rhin ; mais ses ressentimens contre les traités

de 1814 et de 1815 demandaient à se porter sur
un autre point quel qu'il fût. Elle stimulait l'in-
trépidité de M. Thiers et voyait en lui le redres-
seur immédiat des griefs amenés depuis de longues années. Enfin, venait le moment de réaliser par des faits palpables l'œuvre de la coalition. Le
principe était gagné par le triomphe net et clair
de la gauche ; la résistance au traité du 15 juillet
allait conformer les actes aux intentions.

Aussi M. Thiers n'hésita pas à prendre une attitude militante. Il décrète les levées d'hommes,
les armemens et les fortifications. Il fait sonner à
la presse la trompette de la guerre, prend lui-
même la plume, et en appelle à la France de l'ou-
trage fait à son nom. L'Angleterre a trahi la France
et a acheté au prix de l'affaissement de celle-ci le
concours de la Russie à ses projets ambitieux. Elle
convoite l'Égypte, qui est la seule barrière entre
les îles Ioniennes et les portes de l'Arabie et de la
Perse. Cet obstacle supprimé, elle dominerait la
Méditerranée et commanderait à tout le midi du
continent. Cette puissance, déjà si considérable,
allait s'accroître encore et réduire la France à ne
jouer qu'un rôle secondaire. Le péril était urgent ;
il faut armer aussitôt et sur un vaste pied, ranimer
et fortifier le Pacha dans sa défense et intimider
les souverains allemands, avec qui les ratifications
du traité n'avaient pas encore été échangées.

A l'appel de M. Thiers répondirent des acclamations presque unanimes. L'insulte paraissait évidente, la plupart même des conservateurs voulaient une réparation. Le ministère, pour trouver un appui même en dehors de ce premier concert d'opinions habituellement divergentes, mit en action sa propre force, l'opinion publique, qui, à la vérité, dépassa le but proposé, et dont trop souvent les manifestations dégénérèrent en tapages et en bravades. M. Thiers eût, sans doute, mieux aimé voir ses mesures produire leur effet préventif, qu'en venir à l'extrémité de la guerre.

Le but ostensible du traité était de réduire le Pacha à l'obéissance envers son maître, le Sultan, de lui faire restituer ses conquêtes et de le restreindre aux limites du gouvernement qui lui avait été jadis délégué. M. Thiers eût volontiers consenti au partage en deux de la Syrie, ou à une certaine transformation de l'autorité du Pacha sur ce pays, en vue d'une soumission apparente. Peu importait, en effet, que celui-ci eût plus ou moins de territoire ; mais l'intérêt de la France était qu'elle intervînt dans les arrangemens de la diplomatie européenne, qu'elle fît honneur à ses engagemens envers Méhémet-Ali, et qu'elle stipulât à son profit, puisque le but visible du traité, ne résultant d'aucune difficulté urgente à résoudre, décelait de secrètes combinaisons d'avidité.

Les notes, memorandum et entretiens diplomatiques qui soutenaient ses justes prétentions res-

6

tèrent sans effet. L'exécution du traité fut poussée avec vigueur, des sommations à bref délai furent adressées au Pacha ; elles étaient conçues en termes durs et impérieux, comme s'il se fût agi d'un esclave rebelle, et furent suivies, à l'époque annoncée, de la canonade de Beyrout, puis du bouleversement de tout port un peu respectable jusqu'à St.-Jean-d'Acre, la place la plus importante, le refuge d'Ibrahim et le dernier rempart de l'Égypte. Alexandrie fut bloquée, et allait être bombardée, lorsque le Pacha se soumit.

Le cours de ces événemens fâcheux, le discrédit qu'ils valurent au Pacha, l'adhésion de la Prusse et de l'Autriche au traité, la perspective d'une guerre européenne inégale, presque désespérée, faite dans un intérêt douteux et lointain, firent évanouir chez nous la ferveur patriotique et permirent aux dissensions intestines de se produire. Les ennemis de M. Thiers, le voyant engagé dans une voie fort critique, suscitèrent les appréhensions du commerce et la crainte des charges écrasantes que la guerre amène. Le président du Conseil, pliant ainsi sous les revers de la fortune, avait, dans la note du 8 octobre, modéré notablement ses prétentions, mais aussi il avait posé un ultimatum. Son anxiété était grande. Pendant que tout à l'extérieur tournait mal, la tiédeur, l'aversion de la guerre faisait des progrès dans la masse nationale naguères si animée. En même tems ses

rapports avec une volonté dont, en définitive, il dépend, deviennent épineux. Du moment où la prépondérance parlementaire menace d'être compromise, il cesse d'être toléré et n'a plus d'autorité
sur M. Guizot, qui entretient des intelligences avec
un autre que son chef légal. Attaqué ouvertement
par les conservateurs et les partisans alarmés des
intérêts matériels, contreminé sur les points où
s'exerce son pouvoir, et entraîné par la démoralisa-
tion générale, il reste sans ressource actuelle, et
n'a plus qu'à se retirer, s'il ne veut pas témoigner
au monde entier d'une impuissance dérisoire.

CHAPITRE V.

RETOUR DE M. GUIZOT A PARIS. — FORMATION DU MINISTÈRE DU
29 OCTOBRE. — SITUATION PRÉCAIRE DU PARTI CONSERVATEUR.
— CONTENANCE IRRITÉE DE LA GAUCHE. — DES TORTS PASSÉS
ET DES DEVOIRS ULTÉRIEURS DES DIFFÉRENS PARTIS.

Le ministère du 1ᵉʳ mars remet donc sa démis-
sion entre les mains du Roi, qui rappelle aussitôt
M. Guizot, et l'on voit l'un des chefs de la coalition, le premier agent du ministère qui avait
voulu sérieusement en réaliser les principes, répudier ses antécédens, reproduire un système qu'il
avait flétri, et accepter comme bonnes (ce sont ses
expressions) les solutions qu'il avait condamnées.
Son administration n'est depuis un an qu'une série
de marches rétrogrades. Placé en présence d'une
Chambre dans les sentimens de laquelle la susceptibilité nationale se mêlait à l'amour de la paix,
il fut obligé de suivre la ligne de conduite tracée par
la note du 8 octobre. Ainsi il était résolu que l'É-
gypte serait pleinement garantie au Pacha, que la
spoliation de celui-ci constituerait un *casus belli*, et
que, du reste, s'il n'était pas opportun de risquer
la sûreté et la prospérité de la France pour une cause
aussi peu personnelle, on ne s'en tenait pas moins
pour offensé. La politique indiquée, prescrite même,
était l'isolement armé. Ainsi pas d'accession au

concert européen, et pas de désarmement, à moins
qu'on ne reçût réparation de l'éviction offensante
qu'on avait soufferte, et compensation de la perte
d'influence subie en Orient. Ces réserves avaient été
exprimées par la Chambre avec une précision telle,
qu'il était impossible de s'y méprendre. Cependant,
il y a quelques mois, le ministère nous a fait part
d'une convention, portant date du 13 juillet, par
laquelle nous rentrons dans le concert européen.
Le pays doit donc se tenir pour satisfait; l'offense
que tout le monde reconnaît nous avoir été faite,
est entièrement lavée, et nous n'avons plus qu'à
applaudir à l'habileté, au bonheur et à la dignité
du cabinet du 29 octobre.

J'en appelle à tout homme de bonne foi, est-ce
une pareille issue que l'on devait attendre de
M. Guizot, du maréchal Soult, de MM. Duchâtel,
Teste et Villemain, de tous ces membres ardens
de la coalition? L'oubli a-t-il donc eu tant d'empire
sur eux qu'ils aient tout-à-fait perdu de vue leurs
diatribes contre M. Molé, leurs protestations contre
une politique qu'ils taxaient de lâche et que leurs
conduite postérieure s'est chargée de sanctionner?
Dernièrement nous avons vu M. Guizot faire à
haute voix, dans un banquet officiel, le panégy-
rique de l'influence royale, tandis qu'il y a trois
ans à peine, il n'avait pas d'expression assez humi-
liante pour qualifier un ministère qui ne portait

pas avec lui une pensée originale, indépendante, traduction du vœu national.

D'où vient donc cette métamorphose si complète, cette contradiction si palpable entre les opinions de 1838 et celles de 1841? Faut-il y voir le plus fâcheux dénuement de conscience, l'ambition la plus insatiable et la moins soucieuse de la droiture? Je ne le crois pas. Lorsque M. Guizot et les plus éminens parmi les conservateurs firent une si rude campagne contre M. Molé, ils pouvaient avec bonne fois'irriter, et de la dépression de la France, et de l'humiliation du parti conservateur traîné passivement à la remorque de ministres sans doute habiles, expérimentés, mais destitués de racines dans le pays, d'intimité avec la Chambre. Ils voulaient arrêter l'entraînement de la Chambre, en conservant toutefois leurs principes intacts, sauf la nécessité du moment qui leur faisait emprunter leur force de l'opinion publique constituée légalement dans la Chambre. Ils regardaient alors comme un point capital d'entretenir la vitalité du principe parlementaire, et pensaient consolider l'existence du parti conservateur, malgré la mauvaise volonté du grand nombre de ses membres, en lui gagnant le crédit des citoyens, en augmentant sa valeur morale et sa force d'opinion. Dans ce mot *conserver* était compris non moins l'esprit représentatif de la Charte que le corps des lois existantes.

Ces prétentions étaient-elles conformes à l'expérience des huit précédentes années ? Au tems actuel, étaient-elles fondées en raison ? J'ai déjà eu à m'expliquer sur ce sujet, et à ces questions j'ai répondu négativement. Lors du ministère Molé, une alternative était posée en face des doctrinaires ; il fallait qu'ils optassent entre le maintien du parti conservateur et l'intégrité du principe parlementaire. Ils se déterminèrent tous d'abord suivant ce dernier sens; plus tard. à partir de la date du 29 octobre, ils se divisèrent, les uns fidèles à la théorie, MM. Duvergier de Haurane, Rémusat, Jaubert, les autres préférant l'intérêt pratique, le succès immédiat et matériel, MM. Guizot. Persil et Duchâtel. Est-ce de la part des premiers, entêtement aveugle et coupable, et de la part des seconds repentir. amendement humble et méritoire ? C'est ce qu'il importe d'examiner.

Quoiqu'il en soit, et en admettant que M. Guizot ait témoigné dans sa récipiscence une saine intelligence des événemens et une correction de soi-même, bien préférable à une étroite obstination, il n'en est pas moins regrettable que l'un des hommes les plus éminens de ce tems-ci. que l'un des pivots de la politique française ait donné l'exemple de la versatilité et de l'inconstance, ait combattu lors de la coalition un système qu'auparavant il avait suivi, et vienne aujourd'hui confesser implicitement, mais clairement. par actes et pa-

roles, ses dernières erreurs, son égarement et sa
résolution d'honorer ce qu'il avait insulté et de relever ce qu'il avait détruit.

Une pareille anomalie indique plus que le travers de quelques hommes, elle signifie un vice
dans les choses. Il n'est pas possible que quelque
partie de l'établissement ne chancelle, lorsqu'on
voit fléchir les capacités les plus fermes. M. Guizot voulait asseoir son système sur les idées de la
conservation ; pendant sept années il avait travaillé
à cette œuvre avec unité et persévérance. Ayant en
épouvante le progrès du parti libéral, il l'avait combattu avec force, et avait usé de tous les moyens
pour l'éloigner du pouvoir, dénonçant son arrivée
aux affaires comme le signal d'une perturbation
générale. Plus soucieux des faits que des théories,
bien qu'il traduisît sa pensée journalière sous une
forme dogmatique, il avait organisé sa résistance
plutôt en vue du succès que de la stricte obser-
vance du régime représentatif. Ainsi dans son réglement de l'avenir, il n'admettait pas comme possible le triomphe de la gauche, il traitait ce parti
plutôt en ennemi qu'il faut écarter à tout prix,
que comme un contractant dans le pacte parlementaire. En conséquence, il inféodait la royauté au
parti conservateur et ne voyait, hors de l'union de
ce pouvoir et de ce parti, rien de normal, rien de
constitutionnel. Il dédaignait les colères de la
gauche; bien plus, il aimait qu'elles se produisis-

sent et vinssent attester l'irreflexion et le découra-
gement.

Fut-ce là, oui ou non, le plan suivi par M. Guizot et ses amis jusqu'au ministère de M. Molé?
Est-il conforme au principe représentatif? Fut-il
le seul qui pût sauver le parti conservateur? Il est
d'abord évident que ce plan, et non un autre, fut
exécuté, soit par calcul, soit par instinct. Il n'est
pas moins constant qu'il enfreint gravement l'économie du système représentatif : le simple exposé
du fait suffit à la démonstration. Quant à ce qu'il
eut de salutaire à la cause conservatrice, il est plus
d'une distinction à faire. L'homme d'état doit-il
se concentrer dans l'intérêt actuel et immédiat,
sans compter avec l'avenir ? Ou doit-il contempler
les chances ultérieures en même tems que les occur-
rences du tems présent ? Doit-il assortir aux événemens futurs les mesures commandées par les circonstances qui passent, ou ne pas négliger un
succès certain pour de pures éventualités? D'autre
part, quel est le premier devoir des gouvernans, ou
de veiller aux besoins positifs et quotidiens, ou
d'inculquer à la nation les principes de l'ordre politique qui la régit ?

S'il est vrai qu'un chef de parti doive prendre
pour tâche exclusive de constituer les idées et les
intérêts soumis à sa direction, suivant les circonstances et les données variables qui se présentent,
M. Guizot eut grand tort de s'engager dans la

coalition, et mit autant de prudence que de modestie à revenir ensuite sur ses pas et à reprendre la route suivie par M. Molé. Si, au contraire, ce procédé de gouvernement doit sembler imprévoyant et mesquin, si la vie d'une nation énergique comme la France, ne peut se soutenir que par l'agitation des principes et la controverse politique, si dans les affaires d'Etat les causes s'enchaînent aux causes, et si nulle sécurité, nulle solidité ne peut être obtenue que par la compréhension d'une longue suite d'années et d'une vaste série de vicissitudes, les membres de l'ancienne majorité du 11 octobre, qui obéirent à l'impulsion de M. Thiers, et ceux des doctrinaires qui accompagnèrent M. Duvergier de Haurane, furent les seuls vrais amis de l'ordre, les seuls qui en discernèrent les véritables conditions, et qui surent servir convenablement la France.

Je rappelle ce que j'ai déjà dit sur l'absence d'organisation du parti conservateur, sur le manque de résolution des hommes qui le composent, et sur la nécessité où il s'est trouvé jusqu'à présent de se placer sous l'égide de la royauté. Cet état peut-il être stable ? Je ne le crois pas. Il blesse les principes représentatifs dont vit le pays, il compromet la couronne et irrite le parti libéral, tenté sans cesse de faire valoir son opposition par des voies extrà-légales.

Que les conservateurs y songent ! Derrière le

parti libéral, se dresse une masse démocratique où s'agitent ces brûlantes questions. « Puisque suivant la Charte, les Français sont égaux, pourquoi l'immense majorité est-elle proscrite des emplois publics et des droits électoraux ? Pourquoi cette abusive déclaration immédiatement démentie ? Faut-il avoir renversé un trône fondé sur l'aristocratie de naissance, pour rétablir un trône pareil enté sur l'aristocratie d'argent ? N'est-ce pas une insultante ironie que cette fiction de représentation nationale, cette Chambre qui n'est occupée qu'à fortifier un petit nombre de privilégiés ?»

Cette sourde insurrection du parti républicain, animé par une presse active et les sociétés secrètes, ne fait encore que recouvrir des théories tout autrement menaçantes, qui ne vont rien moins qu'à l'abolition de la propriété et de la famille, à la mise en communauté des biens et des affections. Je sais tout ce qu'ont d'extravagance ces spéculations sans base et sans but, je sais aussi tout ce qu'elles ont d'antipathique à la constitution générale de l'humanité et à nos mœurs en particulier; mais il n'en est pas moins vrai qu'adressées à des classes soit souffrantes et aigries, soit malaisées et envieuses, elles peuvent entretenir le trouble, et fomenter les passions séditieuses. Les communistes remuent les bas penchans de la cupidité et de la licence, en voulant ou en semblant anéantir l'é-

goïsme. Les républicains soulèvent un orgueil in-
sensé et des instincts destructifs.

Or, à moins que l'on ne suppose les classes in-
férieures parfaitement humbles, patientes, tem-
pérentes et désintéressées, il est gravement à craindre que ces étincelles jetées incessamment sur une
masse inflammable n'allument tôt ou tard un in-
cendie. Alors qui pourra l'éteindre ? Seront-ce,
s'ils persévèrent dans leur faux succès, les conservateurs réduits à un petit nombre, séparés par
un large intervalle de la population et dénués
d'ascendant sur elle. Meurtris journellement par
les attaques parlementaires, ils ne sauront opposer
qu'une résistance chancelante et débile; ils auront
vécu vingt ou trente années en donnant une tension
excessive aux ressorts du gouvernement, et lorsqu'ils voudront lui procurer un surcroît de vigueur,
en rassemblant toutes ses forces, ils n'auront plus
entre les mains qu'un instrument désorganisé. Rien
de plus fatal que d'épuiser la sève d'un corps en
la portant toute sur un point; rien de plus dangereux que d'annihiler dans les institutions ce qui
fait leur vitalité. Nos lois sont systématisées par le
principe représentatif, la coordonnation des forces
sociales est réglée selon cette mesure. Abandonner
ce principe, s'efforcer de le rendre stérile, c'est
préparer quelque dissolution dans l'État, c'est le
désarmer contre le péril, c'est favoriser les chances
de ruine.

L'économie de notre loi politique est bien simple. Voici brièvement en quoi elle consiste. Proportionner les droits aux aptitudes intellectuelles et morales, appeler tous les intérêts du pays à avoir leurs organes dans différens conseils gradués suivant l'importance de l'objet, faire représenter les multitudes par un petit nombre de délégués, assez restreint pour qu'ils agissent avec maturité ; enfin, remettre le soin général de l'Etat à des députés nommés par des électeurs assez éclairés pour comprendre les questions politiques, assez nantis d'avantages sociaux pour être intéressés au maintien des lois, et cependant assez rapprochés du peuple pour en connaitre les besoins et savoir comment le modérer. Ce système est essentiellement pondéré, mais il est destiné à faire prévaloir les nécessités sociales en vertu même des institutions, sans choc, sans interrègne des lois, sans ébranlement prolongé. Son habitude (*habitus*) est la discussion et le progrès ; son but est d'amener, successivement et avec harmonie, les réformes que le tems rend indispensables. S'obstiner à la conservation absolue et indéfinie d'une situation donnée, c'est violer ce régime constitutionnel, c'est abuser de celui des élémens qui conserve, pour briser l'élément novateur ou plutôt pour en être brisé.

Le parti libéral ne contribue pas moins que le parti conservateur à l'intégralité du système représentatif ; il faut qu'il y joue un rôle actif et soutenu, le bien de l'ensemble en dépend. Le gouvernement doit être mélangé de traditions conservatrices et de tendances progressives, et comme ce sont ses détenteurs qui le rendent tel, il faut que ceux-ci soient tour à tour conservateurs et réformistes. Il faut que leurs rapports respectifs viennent se fondre alternativement en un même concert, et que la gauche succède à la droite et réciproquement. Que si la gauche est indéfiniment repoussée, elle s'inquiète, elle s'irrite, elle doute de la bonté d'un ordre politique qui la proscrit, elle cesse de s'appliquer à la conquête du pouvoir, et ne songe plus à s'instruire des pratiques du gouvernement. Elle laisse les vœux s'égarer en dehors de la Constitution; les caresses des factions la séduisent; elle se livre à une opposition systématique, ne pense plus qu'à détruire, oublie les conditions de tout ordre régulier et se rend elle-même incapable de gouverner.

Voilà comment j'explique les fautes redoublées que la gauche a commises et la méfiance, la frayeur qu'elle a inspirée au pouvoir permanent. De là naquit l'alliance indissoluble de ce pouvoir et des conservateurs. Mais si l'on remonte aux vrais principes, l'on voit que cet état de choses ne peut durer, qu'il est inconstitutionnel, et que, s'il humilie momentanément la gauche, il menace dans l'avenir la Couronne et les conservateurs, et prépare des commotions, des ébranlemens que doit redouter

tout bon patriote, à quelque parti qu'il appar-
tienne, quelque effet qui en puisse résulter et
quelque fraction de la société qui en soit atteinte.
Il est certain que, si la gauche a pu inspirer des
craintes fondées aux partisans de l'ordre, ce n'était
pas une raison suffisante pour l'exclure systéma-
tiquement des affaires publiques. Il est vrai que,
lorsque les occasions se présentèrent pour elle d'a-
border le pouvoir, elle n'avait pas fait toute son
éducation gouvernementale. Elle n'eût pas saisi
d'une main assez ferme le timon de l'État ; sous sa
répression faible ou maladroite, les factions eussent tenté quelques efforts. Mais c'est alors qu'elle
se fût sentie profondément distincte des classes
ignorantes et grossières, et qu'elle eût répudié la
démocratie extrême. Alors l'insurrection, bornée
à ce qu'elle a de violent et de subversif, eût perdu
toute couleur spécieuse et se fût complètement
déconsidérée. Alors les conservateurs eux-mêmes
eussent eu à se réjouir de la force de résistance
que peuvent offrir les libéraux constitutionnels,
et l'harmonie eût été rétablie dans l'équilibre des
opinions et des volontés légales.

Après la chute du ministère du 8 septembre,
après que la politique rétrograde eut été con-
damnée par la Chambre, c'était l'occasion d'appeler la gauche aux affaires. Quelque oscillation
dans le pays et quelques concessions libérales eussent suivi cette mesure de prévoyance ; mais l'ave-

nir s'aplanissait, et l'on achetait au prix d'embarras passagers, un affermissement continu. Qu'est-ce que pèse le malaise d'un instant contre une restauration permanente? Etait-ce un avantage pour la royauté de passer doucement quelques mois, pour voir ensuite fondre sur soi l'orage de la coalition? N'eût-ce pas été un double bien que le rétablissement de l'exercice normal du régime représentatif, et l'éloignement des attaques passionnées qui traînèrent la Couronne dans une sombre arène.

Il importe que la royauté soit, en droit comme en fait, inviolable; qu'elle soutienne son rôle de tradition et d'unité incarnée, et qu'en elle s'opèrent le lien et l'harmonie des différens partis qui, chacun suivant leurs parts respectives, concourent à l'œuvre commune et multiple du bien public. Mais de telles prérogatives ne s'achètent qu'au prix de devoirs correspondans. Il faut donc que la royauté se montre également bienveillante à l'égard des diverses opinions légales; qu'elle comprenne et exécute strictement les lois de mutation du système représentatif, et qu'elle subisse l'impulsion, plutôt qu'elle ne la donne, au mouvement politique.

Le parti conservateur est d'une haute utilité dans le pays : sans lui rien n'est possédé, et l'avenir, pas plus que le présent, ne contient de garantie; car sans lui pas de stabilité, et les réformes n'auraient

pas plus de consistance que les établissemens actuels. Mais s'il n'apprend à se connaître, à se constituer et à exister par lui-même, s'il persiste à chercher son unique appui dans la royauté et l'administra-
tration, il n'aura jamais qu'une situation précaire ;
tantôt soumis humblement à la Couronne, tantôt
se révoltant sans motif contre cette domination,
et exposé sans cesse aux attaques les plus violentes
du parti libéral et du parti démocratique. Qu'il
cherche donc en lui-même ses conditions d'existence ; qu'il s'associe franchement aux variations
impérieuses du régime représentatif ; qu'il ne croie
pas tout perdu parce que la gauche arriverait aux
affaires ; qu'il conçoive la possibilité de ce revirement, et que, tout en souffrant d'un revers passager, il ne fasse pas de son adversaire un ennemi
irréconciliable, afin qu'au jour du danger commun, il le trouve se retournant avec lui contre les
tentatives de subversions radicales ou communistes.

Quant à la gauche, elle a gravement à réfléchir
sur la nécessité de maintenir intact notre établissement constitutionnel. Elle doit s'informer à quel
prix on gouverne et de quelle force il faut que soit
armé le pouvoir, qui supporte la responsabilité de la
sécurité publique. Elle doit se considérer elle-même,
abstraction faite de toutes relations compromettantes, se voir portion intégrante de notre organisation politique, et se garder désormais d'entrer en
fusion avec les partis anarchiques. Elle a des droits

incontestables au pouvoir, mais, pour l'obtenir, il
faut qu'elle s'en rende digne, qu'elle dissipe les
alarmes de la royauté et rassure les intérêts de
beaucoup de personnes qui, adoptant ses maximes, redouteraient cependant de la voir transporter
dans le gouvernement ses habitudes de mépris pour
l'autorité légale et de tolérance pour l'insubordination. Depuis quelques années, l'adjonction de
M. Thiers et sa propre expérience lui ont appris à
se modérer et à se rendre apte au pouvoir qu'elle
dispute aux conservateurs. Cependant ce n'est pas
assez. Elle ne montre pas encore ce discernement
équitable qui sépare, dans la conduite des adversaires, les actes essentiels à tout pouvoir agissant,
des mesures dépendant d'un système particulier.
Qu'elle fasse donc de nouveaux progrès dans la
voie de la modération, qu'elle apprenne à se connaître, qu'elle se mette en garde contre toute tendance inconstitutionnelle, qu'elle confonde dans
sa sollicitude le raffermissement du pouvoir et la
liberté du pays, et qu'ainsi elle puisse un jour saisir
les rênes de l'Etat, sans courir les hasards qui souvent aboutissent à des précipices.

Tout homme de bien émettra de pareils vœux,
et sentant que leur réalisation est le seul garant de
la dignité de nos institutions et de la prospérité de
nos intérêts, il comprendra, au même titre, dans
ses sympathies, chacun des trois élémens que je
viens de signaler ; il se rendra compte du trouble

des dernières années par le manque d'harmonie
de ces élémens; il s'associera au principe de la
coalition, il voudra que le parti conservateur se
constitue et cesse de compromettre la Couronne
en la mettant à découvert, il réclamera pour la
gauche la participation au gouvernement, mais à
la condition qu'elle se réglera, et, tout en adoptant pour type politique les maximes strictement
représentatives, il craindra d'agiter, sans nécessité
absolue, les bases sur lesquelles repose la royauté.
Car ce pouvoir n'a pas de force qui lui soit propre,
il ne tire sa valeur que de l'assentiment de tous,
du respect spontané des citoyens et de la convention faite par eux de le maintenir et de le défendre
au nom de l'intérêt social.

Le grand parti de la coalition, qui semblait ouvrir une ère nouvelle, a eu pour fin un déplorable
avortement. Il s'est démembré, et ses fractions se
sont heurtées, poussées par je ne sais quel vent de
discorde et de confusion. Une grande irritation
nationale, beaucoup de tems, de débats et d'efforts
ont été consumés sans fruit; de tristes désappointe-
mens ont succédé à l'ardeur et à l'espoir des coalisés,
dont les uns sont revenus aux anciens erremens naguères proscrits par eux, tandis que les autres, rebu-
tés de nouveau, affectent une irritation désespérée.
En un mot, la coalition a témoigné, dans ses suites,
d'un grand désordre d'idées et d'une véritable
anarchie parmi les esprits les plus capables et les

plus accrédités. Mais à travers ce mal, elle a procuré l'avantage de mettre à nu les causes de cette situation. J'ai essayé de les préciser, je les réduis à trois, l'adhérence excessive du parti conservateur à la Couronne, qui interdit à ce pouvoir tout autre rapprochement, le manque d'organisation, d'unité et de persistance dans les différens partis, et l'indiscipline de la gauche qui, jusqu'à présent, n'aurait pas permis de lui confier, sans dangers, la gestion des affaires de l'État.

Ces vices de notre situation politique n'ont pas amené, sans doute, d'irréparables calamités, telles que l'invasion étrangère, la ruine des finances ou la guerre civile; mais pour n'avoir pas éclaté comme la foudre, le mal n'en est pas moins grave. Il paralyse toute grande action nationale, fait avorter les desseins les plus importans et les plus élevés, déroute la marche commune, altère profondément les caractères en les jetant dans l'indécision, les palinodies et les irritations sans but qui conduisent à l'épuisement; répand dans le pays la défiance et le dédain de nos institutions pourtant si tutélaires, sème partout la langueur et l'abattement, ôte enfin l'espoir de rendre à la France son influence légitime sur les destinées du Monde.

En analysant les causes du mal, j'ai été conduit à en indiquer le remède. C'est à chacun de nous à se l'appliquer; car c'est du concours de tous les citoyens que dépend le bien de l'État. Éclaironsnous donc chacun sur nos devoirs respectifs, et puisque, dans notre société, il est une classe supérieure appelée à se gouverner elle-même et à pourvoir aux besoins populaires, qu'elle n'oublie pas son origine révolutionnaire, et qu'elle sache qu'en se substituant à l'aristocratie, elle n'a pas dû faire œuvre d'usurpation, mais de justice. Si elle est investie du pouvoir, ce n'est qu'à la condition qu'elle s'en rende digne et qu'elle garantisse à la fois le maintien de l'Etat et les droits plutôt indiqués par la morale qu'accordés par la législation. Avant tout, il faut qu'en elle-même elle soit bien organisée. Elle se scinde encore en plusieurs fractions, et il est inévitable qu'il ne se produise en son propre sein des dissentimens journaliers. Mais au-dessus de ces agitations passagères doit régner le sentiment et la conviction d'une identité originelle. Loin donc ces dédains des conservateurs envers les libéraux, et les violences de ceux-ci envers un parti qui s'obstinerait follement à retenir le monopole du pouvoir ! Libéraux et conservateurs, que tous soient amis dévoués en face d'une démocratie extrême qui gronde sans cesse, ou d'un absolutisme, qui, à la vérité, n'est pas à craindre. Instruisons-nous, pénétrons-nous intimement des vérités et de l'excellence du régime représentatif, et qu'enfin le pays jouisse du calme intérieur et de la concorde, afin que toutes nos forces et toute notre énergie soient réservées au maintien de notre dignité et de notre grandeur vis-à-vis de l'étranger.

————

SECONDE PARTIE.

DE L'EXTÉRIEUR.

CHAPITRE PREMIER.

DE NOS ÉCHECS DIPLOMATIQUES. — DE L'EFFET DE LA RÉVOLUTION DE JUILLET SUR LES PEUPLES DE L'EUROPE. — MODÉRATION DE NOTRE GOUVERNEMENT. — FORMATION DE L'ALLIANCE ANGLO-FRANÇAISE. — SON VÉRITABLE SENS.

Si notre état de confusion à l'intérieur est de nature à nous inspirer des regrets, l'inconsistance de notre attitude vis-à-vis de l'étranger est encore plus fâcheuse. Nous nous pardonnerons volontiers des fautes commises en famille, et nous avons, dans tous les cas, la faculté de les réparer par nous-mêmes. Mais il n'en est pas ainsi des pertes essuyées sur un terrain placé hors de notre portée. Il faut compter sur des retours de sagesse et de bonne harmonie dans le sein d'un peuple, tandis que l'étranger est sans miséricorde et fait payer chèrement à un adversaire tout ce que la faiblesse de celui-ci et sa propre maladresse lui auront fait abandonner. L'équité ne règne pas encore dans les relations diplomatiques, et si de nos jours l'on voit les différens s'apaiser le plus souvent par des transactions réciproques, la loi d'équilibre se fonde bien moins sur la justice que sur la considération des forces respectives des stipulans. Ainsi, il n'est pas de nation qui doive attendre des conseils européens la reconnaissance et la consécration d'un droit qui ne repose que sur la raison et qui n'offre pas en perspective les baïonnettes pour le soutenir : tout gouvernement, s'il veut être respecté, doit donc pouvoir exciper à tout instant de sa supériorité militaire, fondée sur ses propres ressources et sur des alliances suffisantes. Je laisse à penser si, dans ces dernières années, notre gouvernement s'est maintenu dans ces conditions fondamentales.

La coalition était issue de deux griefs, et reposait sur deux prétentions. Il s'agissait de restaurer le principe parlementaire et de relever notre attitude vis-à-vis de l'étranger. Le premier de ces buts s'est évanoui en présence du repentir des uns et de l'irritation des autres. Sur l'autre point, la déroute a été encore plus grande. En 1838, la Chambre proteste de l'urgence de rétablir notre autorité en face de l'Europe, l'opinion publique s'émeut vivement à ce sujet, et l'on n'attend qu'une occasion propice. Elle se présente, c'est à notre gouvernement à faire sentir son poids. Loin de là, il est repoussé et traité avec un insultant dédain. Il veut courir aux armes; mais le parlement qui s'assemble donne un démenti à ces projets belliqueux, se montre circonspect et soumis, et, à son exemple, l'opinion s'apaise, se rétracte ou se dissipe en déclamations, qui ne sauraient prévaloir contre la satisfaction générale d'avoir échappé aux risques d'une guerre redoutable.

Quel que soit, de la paix et de la guerre le choix qu'on eût dû faire, il est affligeant d'avoir montré, dans une conjoncture aussi grave, d'abord une folle turbulence, ensuite une abnégation pusillanime. A une époque ou à une autre, nous nous sommes montrés légers, irréfléchis, coupables. Nous devons à notre conscience et à nos intérêts d'entrer dans un examen approfondi des derniers événemens. Je crois que des deux systèmes tranchés, qui ont été mis en avant, l'un comme réalité et l'autre comme texte d'opposition, ni l'un ni l'autre ne furent satisfaisans. Dans tous les cas, pour procéder convenablement à l'examen que nous nous proposons, il nous faut reprendre les choses de plus haut. Cette investigation nous fournira, je l'espère, le droit d'excuser nos torts récens et d'imputer à une autre cause qu'à un vice de notre caractère originel, des fautes qui retombent sur la nation.

Jetons un coup d'œil sur notre situation après juillet 1830. Un soulèvement national s'était produit, avait renversé un trône, et lancé des semences d'insurrection sur toute l'Europe. Les souverains absolus ressentirent le contre-coup de cette commotion. Ils craignirent pour leur pouvoir en même tems qu'ils furent saisis de dégoût pour notre révolution triomphante. La marche de notre gouvernement n'était pas fixée. Les partisans les plus vifs de la paix, qui tenaient alors le timon des affaires, n'osaient pas heurter le flot de la propagande. M. de Lafayette était le centre d'une vaste correspondance, dont les fils tenaient à toutes les conjurations fomentées en secret dans les états environnans. L'effervescence de la nation débordait, malgré les gouvernans, et l'on était à la veille d'une guerre européenne contre les souverainetés absolues.

Cette crise fut pour la France un moment de grande perplexité. Se mettrait-elle à la tête de l'insurrection générale, pour secouer et bouleverser les vieux empires, et sur la place nette ériger des établissemens nouveaux, à l'instar du sien propre? Ce rôle eût été magnifique, mais était-il réalisable? Et, en supposant qu'il fût parvenu à la fin desirée, n'aurait-il pas coûté trop d'efforts, d'ébranlemens, de déchiremens et de douleurs? La jeunesse et les hommes déclassés ou ardens provoquaient vivement le pouvoir à prendre hardiment sur lui la responsabilité de la reconstitution de l'Europe. Il se trouvait même des esprits sages et prévoyans qui, portant leurs regards au-delà de passagères épreuves, ne voyaient non seulement la grandeur mais l'indépendance de la France, que dans les conséquences d'une intrépide résolution. Qu'on laissât une cruelle répression étouffer les mouvemens d'Allemagne, d'Italie et de Pologne, et, en admettant même que notre gouvernement, grace à sa modération, détournât de lui les colères absolutistes, il ne serait néanmoins que toléré. Notre nation était trop pleine de sentimens d'émancipation, pour qu'elle ne voulût pas sans cesse les communiquer aux peuples et mettre les trônes en alarme. Il fallait donc obéir à l'impulsion naturelle qui nous portait au protectorat de la liberté européenne contre l'absolutisme, saisir avidement ce puissant levier et nous confier à notre destinée.

Ce raisonnement qui ne manquait pas de logique, et qui depuis fut répété si souvent comme un regret et une accusation, ne fut nullement goûté par le pouvoir que la révolution de juillet avait inauguré. Il était mu par un esprit opposé et par les réflexions suivantes. Les souverains de l'Europe, sans aimer notre gouvernement, sont impuissans contre lui; sentant la force de la propagande, ils éviteront de le pousser à bout, et useront de retenue et de ménagement. Comme la levée de boucliers de 1814 ne s'était faite qu'à la faveur de promesses libérales, qui depuis avaient été indignement méconnues, les peuples, séduits par l'exemple de la France, ne marcheraient qu'avec répugnance contre ce pays, ils ne se contenteraient plus cette fois de vaines promesses, et peut-être il leur suffirait d'être encouragés dans leurs secrètes espérances pour qu'ils cherchassent eux-mêmes à secouer l'oppression. Les souverains absolus doivent donc clairement voir que, s'ils ont la chance de surprendre la France désorganisée, celle-ci a pour ressource possible de retourner contre son ennemi l'armée dont ils l'auraient menacée. Le gouvernement français n'avait donc pas perdu tous moyens de calmer l'irritation absolutiste et de se mettre à l'abri de l'hostilité étrangère.

Le maintien de la paix devait préserver l'État de deux sortes de maux, de la guerre d'abord et des risques de tenir campagne avec de nouvelles recrues contre une multitude d'armées. D'autre part, il eût fallu suppléer à l'insuffisance de nos moyens militaires par une énergie spontanée et un dévoûment patriotique. Que fût devenu alors le débordement révolutionnaire abandonné à lui-même? Peut-être c'en eût été fait du trône et de ses institutions. Suivant ce point de vue, sacrifier aux éventualités d'une guerre chevaleresque ou ambitieuse l'ordre intérieur, l'affermissement de l'état politique et le développement de la civilisation et des richesses, abandonner le connu pour l'inconnu, c'eût été un plan déraisonnable, digne de la réprobation de tous les citoyens sensés et vraiment patriotes.

J'accorderai volontiers que le parti de la paix était le meilleur. Car, quelle qu'en fût la réserve, il n'anéantissait pas les espérances de l'avenir, et ne faisait que confier à un tems plus long la diffusion des idées généreuses, et la civilisation de l'Europe par la France, pourvu cependant qu'il fût adopté à propos, et que l'attitude de prudence n'allât pas jusqu'à la pusillanimité. Toutefois, je n'irai pas taxer de folie les volontés qui se déterminaient pour une résolution vive et subite, pour l'accomplissement immédiat de ce que l'avenir annonçait sans désignation précise. Ainsi je pense que, dans le système pacifique qui a été adopté et qui se poursuit, doit se maintenir modérée sans doute dans son application, mais intacte dans son essence, la pensée de conserver en France le dépôt et le ferment des idées novatrices. Nous verrons si cette combinaison a été justement effectuée.

Considérons de quelle manière se propageait en Europe l'influence révolutionnaire. L'Allemagne et l'Italie s'agitaient vivement, mais sans que leurs efforts fussent soutenus par l'accord et la persévérance. Les Belges avaient chassé les commissaires et les soldats de la Hollande. Les Polonais étaient résolus de défendre jusqu'à la dernière extrémité l'indépendance qu'ils venaient, pour un moment, de reconquérir. Ce peuple malheureux excitait surtout les sympathies de la France. Il était représenté comme se dévouant pour nous, comme nous

couvrant de son corps contre l'invasion imminente
de la Russie. C'était, disait-on, une ingratitude ré-
voltante que de le laisser égorger sans secours, tandis qu'il épargnait notre sang par son héroïque
résistance. Il faut réduire ces déclamations à leur
juste valeur, et encore, aujourd'hui, il n'est pas
inutile de dire pourquoi nous ne devions pas nous
aventurer dans une guerre lointaine au sujet de la
Pologne. Nous avions été séduits par ce qu'il y a
de chevaleresque et de généreux dans son caractère, de fatal et d'intéressant dans ses malheurs.
Long-tems, sous l'Empire, elle nous avait fourni
de loyaux frères d'armes, Napoléon nous semblait
n'avoir pas reconnu avec assez de munificence
son attachement, ses services et sa fidélité, et, à
l'heure de son réveil, au moment où elle dressait
contre ses oppresseurs ses bras chargés encore
de fers à demi brisés, notre compassion pour
elle s'épanchait en élans chaleureux. Mais notre
gouvernement ne se laissa pas toucher par le
sentiment national. Il vit la Pologne sous son véritable jour, enfermée dans un cercle de fer contre
lequel nos troupes se fussent brisées. Il n'eût
trouvé d'amis que dans le cas d'un soulèvement de
l'Allemagne, ce qu'il avait décidé ne pas devoir
être tenté. D'ailleurs, il faut le dire, la Pologne ne
se révoltait pas pour une cause identique à celle
de la révolution de juillet; il ne s'agissait là que
d'une délimitation de territoire entre deux peu-

ples ; les idées de liberté et d'égalité étaient effa-
cées par l'amour de la religion et des traditions nationales. Ce n'était point une masse de citoyens
se levant pour revendiquer les droits imprescrip-
tibles de penser sans entrave et de se gouverner en
vue du bien de tous. C'était une élite de grands
seigneurs, entraînant à leur suite des tourbes de
serfs ou vassaux, instrumens passifs d'une fierté
patricienne, qui s'indignait contre le joug moscovite. Assurément, tout instinct national, quelque éloigné qu'il soit encore d'un haut progrès
moral, a des titres au respect et à la sympathie
des peuples qui apprécient chez les autres ce que
vaut la conscience de sa propre dignité ; mais cette
bienveillance doit se proportionner au degré de
civilisation sous l'influence de laquelle cet instinct
se révèle. Or, les Polonais se montrèrent, aux différentes périodes de leur lutte acharnée, brillans
de courage, de dévoûment et d'héroïsme ; mais, en
revanche, ils se montrèrent en proie au vice intérieur qui produisit toutes leurs calamités. Au milieu
des dangers les plus effroyables, à la veille d'une ca-
tastrophe, ils étaient déchirés entr'eux par les jalou-
sies et les discordes aristocratiques. Ils ne compre-
naient pas l'idée d'un pouvoir un, homogène, sou-
mettant sous son inflexible niveau tout orgueil in-
discipliné. Enfin, la nature semble s'être refusée à
fixer par des limites précises le sol polonais. Il est
vague, il se confond et se perd avec les terres qui

l'environnent ; on dirait qu'il destine ses habitans,
soit à envahir, soit à être envahis. Pas de fleuves
qui l'enferment, pas de montagnes qui en marquent
le contour; partout une invitation au libre passage.
Disons-le avec tristesse, mais avec vérité, la France
ne pouvait, en 1831 et 1832, que déplorer les
iniques et cruelles vengeances de la Russie.

Si l'éloignement de la Pologne la mettait loin de
notre portée et devait rendre stériles nos sentimens pour elle, il n'en était pas de même de l'I-
talie et de la Belgique. Dirai-je que ces deux nations,
que du moins ces deux pays nous touchent de près,
et que, si par derrière ils sont pressés, nous les res-
sentons infailliblement se refouler sur nous-mêmes.
Les sujets du Pape s'étaient insurgés, des troupes
autrichiennes, mandées par les sollicitations ponti-
ficales, s'avançaient sur les légations. L'Autriche
allait exercer son patronage sur la péninsule et
s'y installer en allié impérieux. Il y avait là envahissement en face de nous et dans une intention hostile à nos principes. Le pacte réciproque de non-
intervention était rompu, c'était nous délier les
mains, mettre le droit officiel et diplomatique de
notre côté. Il n'y avait pas à reculer, nous étions
offensés, et dans le cercle de notre influence légitime, et par la violation des engagemens con-
tractés avec nous. Il fallait faire acte de résistance.
Comme il ne s'agissait pas d'une atteinte directe,
mais d'un terrain neutre qu'il fallait ou préserver

contre l'ennemi, ou occuper pour notre part, la résolution fut bientôt prise d'envoyer sur les lieux un corps de troupes françaises. A l'ombre du drapeau tricolore, les patriotes échapperaient aux violences, et, si l'Autriche poursuivait son dessein d'étendre sa police sur les états du Pape, elle trouverait en face notre opposition, qui lui imposerait assez pour qu'elle ne se passât pas de notre adhésion.

L'expédition d'Ancône fut conçue dans l'esprit d'une sage et ferme politique; elle eut un plein succès. Elle arrêta l'Autriche, rehaussa le nom français et fit tourner de notre côté l'espoir des Italiens. Ils devaient croire que, si nous ne leur apportions pas la liberté, du moins nous les mettrions à l'abri des vexations, des outrages et des mauvais traitemens. Si, postérieurement, nous quittâmes sans motif suffisant la position d'Ancône, il n'en reste pas moins en notre faveur un précédent fondé sur la justice, l'humanité et notre droit de surveillance. Ce trait de résolution qui honore Casimir Perrier, ne doit pas être à nos yeux un fait purement historique, il est, pour notre gouvernement, une obligation d'imiter cet exemple, au cas où de pareilles circonstances se reproduiraient.

En Belgique, nous obtînmes un plus grand et plus durable succès. Nous constituâmes, à nos portes, sur la partie de notre frontière la plus ex-

posée aux agressions de l'ennemi, un état libre,
constitutionnel, modelé sur le nôtre. Les Belges
s'étaient soulevés et avaient contraint les autorités
et les forces hollandaises à se retirer. Mais, désor-
ganisés, manquant d'énergie et de résolution
comme de ressources financières, ils allaient succomber sous une reprise d'hostilités, lorsque la
France intervint, les mit à couvert sous ses baïonnettes, et s'empara de la citadelle d'Anvers, qui
tenait en respect toute la province. Sans cette aide
puissante, la Belgique n'eût pu échapper à une
nouvelle réunion à la Hollande. La France la sauva.
Notre gouvernement ne craignait pas, dans cette
circonstance, de violer le principe de non-inter-
vention et de braver ainsi les puissances conti-
nentales. Celles-ci lui avaient su gré d'avoir com-
primé l'élan révolutionnaire pendant les années
qui venaient de s'écouler. Mais que signifiait ce retour subit? Allait-il, toutes les fois qu'il verrait un
peuple favorablement disposé à l'indépendance et
capable d'efforts énergiques et soutenus, lui prêter
main-forte, réservant sa modération pour les circonstances qui n'offriraient que des périls et de
tristes occasions de dévoûment. De plus, ce premier élan guerrier n'était-il pas le commencement
d'exécution d'un projet arrêté de démolir pièce à
pièce le système de compression qui fut organisé
contre la France à la suite de ses désastres de 1814,
et dont le royaume des Pays-Bas, grossi dans ce but

et hérissé de places fortes, était comme la garde avancée.

Les souverains absolus devaient s'inquiéter de cette démonstration vigoureuse. Mais ils avaient en face d'eux la France et l'Angleterre fortement unies, alliance qui explique et leur longanimité et notre hardiesse. C'est ici le lieu d'examiner sous quels auspices se forma cette alliance, et ce qu'elle emporta de conséquences ultérieures. Il y eut, à la suite de la révolution de juillet, un ébranlement dans toute l'Europe. Sur la plupart des points l'impression se calma, mais sur d'autres elle persista et aboutit à des modifications dans les gouvernemens. En Angleterre, le ministère de lord Grey et de la réforme fut le produit de ce mouvement. Il fut arraché à la répugnance royale par la voix de l'opinion et des réclamations formulées par les assemblées populaires. Le nouveau ministère devait être fidèle à son origine et à ses antécédens. Il devait agir dans un sens contraire à celui des torys, obéir partout à son penchant libéral, et se rappeler la bienveillance depuis long-tems manifestée par les whigs à la France. C'étaient autant de raisons pour qu'il voulût lier des relations amicales avec notre gouvernement. A ces motifs se joignaient des calculs de prudence qu'eussent adoptés les torys eux-mêmes. La France alors n'était pas encore sortie de ses perplexités. Se mettrait-elle à la tête des peuples pour abolir

partout l'absolutisme? N'avait-elle pas à craindre,
même sans provocation de sa part, une croisade
des souverains irrités contre le principe révolutionnaire? Comme le résultat de cette lutte eût été fort
douteux, le ministère whig ne devait pas se sou-
cier de tenter l'épreuve d'une expédition contre les
peuples soulevés, quand même sa position politique le lui eût permis. D'autre part, si dans une
lutte générale et acharnée entre la liberté et la
tyrannie, la France allait l'emporter, il était du
plus haut intérêt pour l'Angleterre de partager
avec nous le protectorat européen, qui eût été
la suite de la victoire. De plus, ses hommes d'état
pressentaient déjà que l'Orient serait, dans un
avenir peu éloigné, le sujet de graves complications, et il leur importait de se ménager, en vue
de ces éventualités, le concours d'une puissance
qui serait liée par la gratitude, et dont l'appui
contiendrait l'ambition de la Russie. Enfin, d'a-
près la tournure qu'affectait la marche du gouvernement français, et suivant la prévision de luttes incessantes qu'il aurait à soutenir contre le développement du germe révolutionnaire, il était à
croire qu'il concentrerait son activité à l'intérieur,
et qu'il se laisserait guider par ses alliés dans les
questions étrangères.

Pour plus d'un motif donc, l'Angleterre nous
offrit son alliance, et notre gouvernement dut l'accepter avec joie; car, d'un côté il répudiait le sys-

tème de la propagande, et de l'autre, les souverains absolus, soit orgueil de naissance et mépris pour son origine, soit crainte qu'il n'échouât dans sa tentative de répression, ne lui témoignant qu'un intérêt apparent et une froideur réelle, il lui devenait indispensable, s'il voulait conserver intacte la chaîne des traditions diplomatiques, de s'assurer d'une voix amie dans les conseils européens. Il pouvait bien espérer que, par sa prudence, il éviterait tout conflit avec l'étranger, mais rien là n'était sûr. Il existait toujours au sein de la nation une ardeur avec laquelle il lui fallait compter, et qui l'obligerait un jour, peut-être, à lui donner une issue. Dans cette éventualité qui s'était déjà plusieurs fois réalisée, la France n'était plus isolée, elle acquérait pour auxiliaire et pour appui une puissance imposante. Il devait donc voir avec joie le ministère anglais disposé à entrer avec lui en accord et en communauté d'action.

Tels furent les motifs réciproques de l'alliance anglaise. Je l'approuve vivement, telle qu'elle fut conçue à cette époque et en raison des circonstances; mais je réserve avec soin la question plus haute et plus grave de l'état permanent de la France et de l'Angleterre, l'une vis-à-vis de l'autre. J'insiste pour qu'on ne voie dans cette alliance que le but temporaire fixé par les exigences du moment.

J'entends par but temporaire, le besoin où était

notre gouvernement d'être appuyé, pour passer avec honneur le tems de crise révolutionnaire, envisager sans crainte le mauvais vouloir des souverains absolus et consolider, dans la sphère immédiate de notre action extérieure, les établissemens constitutionnels qui plus tard se formeraient spontanément. Cette définition doit sembler claire, précise et renfermée en des termes assez nets pour qu'il n'en résulte aucune confusion. Nous verrons jusqu'à quel point elle a été bien comprise par les hommes d'état de notre pays.

La durée de notre alliance avec l'Angleterre se divise en deux périodes, celle de complète harmonie, qui fut environ de six années, et celle de refroidissement, qui aboutit, lors du traité du 15 juillet, à une mésintelligence éclatante. Durant la première, les deux gouvernemens signifièrent une protestation contre le traité d'Unkiar-Skelessi, arrêtèrent Méhémet-Ali dans sa course triomphale sur Constantinople, après la bataille de Koniah, sauvèrent la Belgique d'une invasion imminente et la constituèrent en état indépendant. En Espagne, ils reconnurent la royauté d'Isabelle et la régence de Christine, en firent la base d'un gouvernement constitutionnel, puis, lorsque la guerre civile se déclara avec intensité dans ce malheureux pays, ils aidèrent à son extinction, autant que cela pouvait se faire, sans engager la France à avoir elle-même raison de cette guerre. Enfin, en Portugal.

ils mirent Don Pedro à même de chasser Don Mi-
guel et d'établir sur le trône Dona Maria.

Il est à remarquer que , sur ces divers points,
l'Angleterre ne nous rendit nullement des services
gratuits , qu'elle prenait une large part dans le
produit de nos mutuels efforts, et que le plus
grand avantage fut en définitive pour elle. D'abord,
en ce qui concerne la Russie, nous avions en réalité fort peu à nous en inquiéter. Nous n'avons pas
en Asie d'immenses possessions coloniales qui puissent être menacées par le Czar, et en Europe, il
aurait à entraîner ou à écraser l'Allemagne avant
de nous atteindre. Nous voyons, en ce qui nous
touche, la situation de la Russie sous des couleurs
qui manquent de vérité, nous avons à rectifier une
infinité de fausses idées sur les dangers qu'elle peut
nous faire encourir, sur l'aversion que son souve-
rain nourrit contre nous, et sur la sympathie que
nous devons éprouver pour une partie de ses sujets.
Dans tous les cas, on ne peut méconnaître que
l'Angleterre ne soit dans des conditions toutes différentes vis-à-vis la Russie, et nous la servions sans
retour de sa part, lorsque nous contenions la puissance russe en Orient.

A l'égard de la Belgique, il semble que la France
fut la plus intéressée à l'érection de ce nouvel État.
Assurément elle y trouvait à satisfaire son amour-
propre et son avantage; mais comptons en revanche les profits que l'Angleterre devait en retirer :

affaiblissement de la Hollande, qui, comme puissance maritime, s'était beaucoup accrue depuis sa réunion avec ce pays d'industrie, et dont les belles colonies océaniques ne laissaient pas que de donner de l'ombrage à ses voisins de Londres; dépérissement de la richesse manufacturière de la Belgique et de la concurrence qu'elle faisait aux produits anglais; empêchement d'une tutelle exclusive de la France et acquisition sur le continent d'une influence qui devait croître avec les embarras de l'avenir.

En Espagne, l'Angleterre méditait de reprendre l'ascendant dont elle avait joui durant la guerre contre Napoléon. Voyant que la nature des choses destinait la France à faire l'éducation de l'Espagne, et à diriger l'esprit de son gouvernement elle ne voulut pas céder un si beau privilége à son alliée. C'est pourquoi elle usa, autant qu'il était en elle, d'initiative, provoquant l'établissement d'un système libéral, la formation de la quadruple alliance et des mesures coercitives contre le prétendant. Il n'y eut pas une circonstance grave qu'elle ne mît à profit pour peser sur le pays protégé. Il semblait qu'elle craignît d'être dépassée par la France en bienfaits et en suggestions. On se rappelle de quel puissant secours fut l'artillerie anglaise au siége de Bilbao, quelle active répression fut exercée par le pavillon britannique sur la contrebande carliste; et l'un des griefs les plus vifs, qu'allégua depuis l'Angleterre contre nous, fut notre refus d'intervenir, c'est-à-dire de coopérer à une œuvre fort difficile, et dont nous aurions eu tous les dangers. Il est vrai que, dans son projet d'établir une ligne de communication non interrompue de Gibraltar à Bombay, il était pour elle très important de disposer du littoral sud et est de la péninsule. En outre son intérêt prédominant était là fort en jeu, j'entends parler de son besoin d'ouvrir chaque jour de nouveaux débouchés à l'exubérance de sa production.

Que dire du dernier élément de la quadruple alliance, du Portugal, si ce n'est qu'en faisant soutenir cet état par la France, l'Angleterre usait de nos forces en faveur d'une de ses provinces vassales. On n'ignore pas que, depuis une époque reculée, le gouvernement portugais n'agit que par le cabinet de Londres, qui lui intime ses ordres dans toute question politique ou commerciale. Sur ce point, notre gouvernement n'avait pas à lutter d'influence : tout ce qu'il y faisait retournait indirectement à l'avantage de l'Angleterre.

Voilà en peu de mots le bilan établi de ce que donnèrent et reçurent l'Angleterre et la France, durant la période de leur bonne harmonie. Cet exposé ne suffit-il pas pour faire voir que ni l'une ni l'autre des deux puissances ne fut portée par pure bienveillance à contracter l'alliance commune et à en suivre les effets, et que si la France eut des obligations envers l'Angleterre, ce bénéfice fut compensé par le fait même de l'alliance. Il semble même que cette proportion d'égalité ne fut pas exacte, et que la France l'a emporté en fait de désintéressement. Quoi qu'il en soit de cette juste appréciation, ce que l'on peut regarder comme constant, c'est qu'au terme d'une phase quelconque de cette alliance, nous n'étions nullement en reste de services à rendre, et que l'exécution de chaque mesure profitant également à l'une et à l'autre des parties contractantes, il leur était libre de se séparer, sans qu'aucune pût se plaindre d'un préjudice porté à ses intérêts. Si donc les liens de l'amitié qui nous unissaient à l'Angleterre, devenaient pour nous les chaînes d'un assujettissement servile, nous n'étions retenus par aucune considération d'équité, dans un engagement devenu onéreux. On a vu que, sur aucun point nous n'avions été secourus gratuitement par nos alliés; par conséquent la réciprocité dans les faits mêmes était un acquit pour les uns et les autres; nous n'étions donc redevables d'aucune reconnaissance, et n'avions d'autre boussole à suivre que notre propre intérêt, que le soin de notre intégrité, de notre influence et de notre légitime développement.

CHAPITRE II.

DES ANTIPATHIES ET DES SYMPATHIES NATURELLES DE LA FRANCE
ENVERS LES AUTRES PUISSANCES. — DU MAUVAIS VOULOIR DE
L'ANGLETERRE. — DE L'INERTIE DE L'ALLEMAGNE. — D'UNE
ALLIANCE FRANCO-RUSSE.

C'est ici le lieu d'examiner comment, à part les
circonstances transitoires, la France doit se conduire vis-à-vis de l'Angleterre. C'est un préjugé
trop répandu qu'en diplomatie, il ne s'agit que
d'expédiens momentanés, et qu'il est impossible
d'assujétir les relations d'un peuple à des règles
fixes. Il n'en est rien : les rapports de nation à nation ne sont point arbitraires, ils sont déterminés
par un certain nombre de faits propres à chacune
des parties en présence, et qui amènent forcément
leur accord ou leur dissentiment. Le calcul du diplomate consiste à compter et à peser ces causes
diverses, et à en trouver, si je puis m'exprimer
ainsi, la résultante définitive par la conciliation
des intérêts. Ceux-mêmes qui ne reconnaissent
d'autres lois que celle du fait et de la nécessité, si
du reste ils sont doués de raison et de sagesse, sont
guidés à leur insu par des vues générales qui com-
prennent les tems et les lieux, qui rattachent tous
les cas spéciaux à un principe et tout incident à
un système arrêté à l'avance. Il faut bien admettre
qu'il en est ainsi, sans quoi, quelle distinction à

faire entre l'homme de génie, qui combine tous les moyens dont il dispose, et même les chances diverses du sort, en vue d'un but élevé, et l'étourdi qui n'écoute que son caprice, et laisse se disperser au gré des vents tout élément de succès et de prospérité?

Si donc il existe des règles constantes que l'on tire des lieux, des mœurs, des occupations, des lois et des intérêts propres à une nation, et qui servent à déterminer ce qui lui manque, ce qu'il faut désirer pour elle et ce qu'elle doit chercher à obtenir dans ses relations avec l'étranger, quelles sont donc les raisons qui doivent dicter à la France tel ou tel choix dans ses alliances. La France est une puissance continentale, elle est ouverte sur une partie de ses frontières du Nord-Est et de l'Est, elle ne doit pas aisément courir le danger d'une lutte contre l'Allemagne et la Russie réunies, quand même l'Angleterre tiendrait la mer pour elle. Car, en supposant ce concert existant pour l'avantage mutuel, nous aurions à supporter tout le poids de la véritable guerre, des batailles et des expéditions de terre ferme, tandis que nos alliés promèneraient majestueusement leurs vaisseaux sur des mers libres d'ennemis.

La France comme puissance de premier ordre, et stimulée qu'elle est par le besoin de répandre ses idées, doit exercer sur les états secondaires qui l'environnent une influence incontestable. Une

place forte ne se défend pas seulement par son enceinte immédiate, mais par des ouvrages avancés
qui tiennent l'ennemi à distance. Il en est de même
pour les grands états ; les petits qui les séparent
sont le terrain d'où ils se menacent, qui les défend
d'un contact trop immédiat et, les couvrant de
son abri, leur permet de choisir les points qu'ils
veulent frapper. Souvent l'état secondaire penchant d'un côté, suffit pour emporter l'équilibre
en ce sens. Eh bien! nous trouvons sur tous les
points, où nous aurions droit à la prépondérance,
l'Angleterre sans cesse attentive à nous contremi-
ner, à prendre les devans sur nous, ou à se servir
de notre bénigne complaisance, pour ménager son
introduction et se retourner ensuite contre nous,
à l'exemple de la lice et sa compagne de la fable.
L'Espagne nous fournit un avertissement éclatant
sur la sincérité de nos alliés, dans les secours
qu'ils nous apportent. *Timeo Danaos...*

L'affaire d'Egypte, pour peu qu'on l'éclaircisse,
fournit un nouveau témoignage de duplicité, et
j'ai dit pourquoi l'Angleterre avait pris tant d'intérêt à l'affranchissement, en d'autres termes, à
la déchéance industrielle de la Belgique. Lors de
la discussion du traité des 24 articles, en 1838,
lorsqu'il s'agissait réellement de fortifier la France
et la Belgique en adjoignant à celle-ci le Luxembourg et les places fortes de la Meuse, quelle
n'a pas été la précipitation du cabinet anglais

à se ranger contre nous ? Ses tracasseries ne vont pas moins, qu'à contester à la France ses possessions d'Algérie, c'est-à-dire un simple espoir qui, jusqu'à présent, n'a rapporté qu'un peu de gloire avec d'énormes pertes d'hommes et d'argent, et des désabusemens annuels. De quel mauvais œil et avec quelle surveillance active la marine française n'a-t-elle pas été observée dans ses expéditions sur Vera-Cruz et Buenos-Ayres ? Enfin, en Grèce, les envoyés de Londres ne s'appliquent-ils pas à prendre le contre-pied de ce que font les nôtres.

Et pourtant je ne saurais blâmer l'Angleterre; elle défend son intérêt comme nous l'aurions dû faire un peu plus énergiquement pour nous-mêmes. Elle a soif d'influence extérieure, non pas sans doute dans un but aussi noble que le nôtre, mais pour une fin qui lui est matériellement imposée. Elle a éminemment besoin de produire; qu'on la prive de son commerce pendant un tems durable, elle est ruinée. Ses colonies immenses et innombrables exigent entre elles et la mère patrie des communications en tout tems à l'abri de surprise. Toute sa force militaire est dans ses vaisseaux, elle ne saurait porter ses coups que par des bombardemens ou des batailles navales. Son trésor public est alimenté en majeure partie par ses douanes. Sans ces abondantes ressources comment servirait-elle l'intérêt de sa dette de plus de 20 milliards? Un tiers de la population des trois royaumes est occupé par l'industrie, tandis que l'aristocratie possède le sol d'une manière inaliénable et qui exclut tout partage; nulle fortune nouvelle ne peut surgir sinon des bénéfices industriels. Le génie de la nation sert merveilleusement en cela ses besoins; elle possède un admirable instinct pour les travaux mécaniques et l'exploitation de l'argent. Une fois la carrière ouverte à l'entraînement de la production, une fois le système économique du pays établi suivant cette mesure, le dépérissement des manufactures et le ralentissement de la navigation commerciale jetteraient une effroyable perturbation dans toutes les existences, et anéantiraient les ressources de l'Etat. Partant plus d'influence à l'étranger, plus de force militaire, rupture du lien qui attache les colonies à la métropole et abaissement de celle-ci au rang d'une puissance secondaire.

Le suprême intérêt de l'Angleterre est donc de faire fleurir sa production industrielle et, par conséquent, de maintenir et d'étendre les débouchés de son commerce. Il lui faut envahir tout point où l'on trafique, faire une guerre d'exclusion à la concurrence sur tous les marchés et enlever à tout pavillon étranger l'espoir de prévaloir contre le sien. Or, une nation complètement dominée dans ses ressources alimentaires est bien près d'être asservie sur tout le reste; car la puissance, qui veut

s'assurer d'une façon permanente la libre disposition des échanges mutuels, doit viser à une sorte
de suzeraineté politique. De là l'ambition extrême
de l'Angleterre, et sa persistance à vouloir enchaî-
ner grands et petits états par des alliances oné-
reuses. Saisissant avec zèle les occasions qui amènent des avantages réciproques, elle ne craint pas,
dans le cas contraire, d'user d'oppression, et si elle
éprouve une trop forte résistance, sa tactique consiste à abandonner la place, à faire intervenir de
nouveaux acteurs, à opposer les forts aux forts, et
à contempler, en spectatrice invulnérable, les déchiremens de ses ennemis.

D'après ces considérations, la France est-elle
dans une position qui l'engage à nouer avec l'Angleterre des rapports permanens et universels qui
soient également profitables aux deux parties contractantes? Je ne le crois pas; leurs intérêts sont
matériellement en désaccord sur des points trop
graves et trop multipliés, pour que ni l'une ni
l'autre ne doive compter sur une disposition généralement inoffensive et bienveillante de la part de
sa rivale. Il peut arriver qu'en des circonstances
données, il se présente certains motifs d'accord,
d'où le bien mutuel doive résulter, et nous avons
vu à cet égard comment l'alliance anglo-française
se soutint pendant quelques années, dans des
conjonctures difficiles. Mais en fut-il ainsi par

une raison générale et tirée de l'essence constitutive des deux puissances ? Évidemment non.

L'Angleterre ne tient son empire des Indes, que par une chaîne immense, dont les anneaux successifs seraient le Portugal, Gibraltar, les côtes orientales de l'Espagne, les rives septentrionales de l'Afrique, Malte, les îles Ioniennes, Chypre, Suez, la mer Rouge et la pointe de la Perse. Aujourd'hui que le passage par le Cap paraît devoir être abandonné, elle veut se rendre propre et exclusive cette nouvelle communication, elle veut de Londres à Bombey naviguer, pour ainsi dire, dans ses eaux; tous ses efforts tendent à rejoindre les anneaux désunis de cette longue chaîne, qui doit lier la métropole à sa vaste colonie; toute entrave à ce projet lui semble porter atteinte à ses plus puissans intérêts, et il faut qu'elle soit maîtresse en Portugal, en Espagne, en Grèce, en Egypte, en Orient, dans l'Arabie, partout sur son passage à travers les mers et les terres. La France peut-elle voir avec indifférence, tracer un pareil cercle de Popilius autour d'elle; elle aussi a de grands intérêts dans la Méditerranée qu'elle touche par ses rivages, où elle devrait régner exclusivement par sa puissance, et cependant on voit avec jalousie son établissement en Algérie, d'où elle coupe la ligne anglaise; on veut lui ôter toute action sur l'Espagne, toute influence en Egypte, on voudrait lui fermer l'Orient, tandis que l'Angleterre, fière de tant de succès, viendrait avec orgueil promener ses vaisseaux en face de ses côtes. Je ne m'inquiéterai pas des envahissemens des Anglais du côté de l'Euphrate, de l'Indus et du Gange; je vois dans ces contrées la puissance Britannique trop développée et trop fortement constituée, pour que le pavillon français puisse s'y montrer avec la prétention de lui faire obstacle. Il ne faut pas vouloir tenter l'impossible, et prospérer là où les racines nous manquent. C'est dans une autre sphère que doit se porter notre mouvement d'expansion. Ce cercle fatal dans lequel on médite à Londres de nous enfermer, ne doit-il pas être un sujet de plus sérieuses inquiétudes? Là est le danger, et non pas dans les téméraires entreprises du Czar. Que nous importe qu'il prenne à revers les établissemens Anglais dans l'Inde, qu'il pèse sur l'Allemagne et veuille asservir toutes les rives de la mer Noire. Qui doit en souffrir? Nous ou nos rivaux? Ceux-ci sans doute. Alors pourquoi tant de vaines alarmes ?

Mais que l'on considère l'Angleterre, qu'on la voie nous compromettre, nous faire haïr et insulter en Espagne, la sœur ou plutôt la pupille de la France. Qu'on l'observe dans son attitude menaçante vis-à-vis de Naples et par suite vis-à-vis de l'Italie, notre autre pupille. Que l'on arrête ses regards sur les ruines encore fumantes de Baïrout et de Saint-Jean-d'Acre, qu'on les reporte sur les violences

exercées par le cabinet britannique, contre Méhémet-Ali, qu'on suive enfin son retour hypocrite et
perfide en faveur de celui-ci, tandis que la France,
son alliée et sa protectrice, fut contrainte de l'abandonner et d'assister, tout en frémissant, mais immo-
bile, à son exécution et à la perte peut-être irréparable de sa confiance dans notre appui, de son
dévoûment à nos intérêts. Cela ne suffit-il pas
pour convaincre l'Angleterre de fausseté et d'infi-
délité à notre égard. Cependant elle obéissait à son
besoin impérieux d'établir sa grande route vers les
Indes. Son intérêt était plus fort que ses engagemens diplomatiques.

Si j'ai dit que l'absence d'établissemens fondés,
de positions prises, nous fermait la plus grande
partie de l'Asie, il n'en est pas de même du littoral
de la Méditerranée. Tôt ou tard nos efforts réussiront à reprendre notre autorité morale sur l'É-
gypte, surtout si nous parvenons à consolider et
à étendre nos possessions du nord de l'Afrique;
mais, dans ces régions qui confinent aux possessions russes et au cercle de rayonnement de l'Angleterre dans les Indes, il ne faut compter y exercer
qu'une influence secondaire. Un autre horizon
nous est offert, sans qu'il s'y manifeste d'obstacle
sérieux, je veux parler de l'Amérique du Sud. Il
semble que ce soit là pour nous un vaste champ,
qui n'attende que le moment où notre action viendra
le féconder. Mais de ce côté, nous trouvons encore

l'Angleterre dominant l'Yucatan et les Antilles. Qu'on se rappelle les traverses qu'elle suscita à notre expédition contre le Mexique, on y verra percer sa jalousie contre toute action maritime de notre part.

L'Angleterre est donc en rivalité avec nous partout où se développe notre influence légitime et pour ainsi dire nécessaire. Une certaine hauteur impérieuse jointe à l'urgence de satisfaire aux exigences de son commerce , la rend ainsi notre antagoniste constant et universel. Mais dans cette lutte nous ne saurions céder ; la France est une trop grande puissance pour s'incliner devant sa rivale; son lot, dans la destinée des nations est d'influer sur le sort des états moins forts et moins avancés en civilisation , vers lesquels sa politique, ses sympathies ou ses intérêts la portent; sa propre grandeur, le soin même de sa défense ne lui permettent pas de laisser ses adversaires s'établir sur un terrain nouveau d'où partiraient, plus tard, de nouvelles offenses. Ce n'est pas seulement de près, mais c'est aussi de loin qu'ils peuvent blesser sa dignité, froisser ses intérêts; elle doit donc être en garde, de quelque distance qu'elle se sente menacée. Si donc l'Angleterre, après avoir absorbé dans son action le Portugal, veut en agir de même à l'égard de l'Espagne, de l'Egypte, de la Grèce, et peut-être de l'Italie méridionale, si elle voulait enfin étendre ses vues jusque sur les jeunes républiques de l'Amérique du sud, notre gouverne-

ment ne pourrait, sans manquer à ses devoirs, to-
lérer un aussi audacieux envahissement.

J'ai dit que l'influence politique que l'Angleterre
veut exercer sur le dehors, n'est qu'un achemine-
ment pour arriver à son grand but, le monopole
commercial; sous ce rapport pas plus que sous
tous les autres, nous ne pouvons rester indifférens.
Nous aussi, nous sommes une puissance industrielle, sans doute sur une échelle moins grande et
avec moins de titres que nos rivaux; mais, outre
nos ressources spéciales, il est des marchés où nos
fabriques peuvent opposer à leurs produits des
produits similaires. Nos modes, nos soieries et nos
vins n'ont à craindre aucune préférence; mais si
nos autres étoffes, nos machines, etc. sont dans
des conditions moins favorables, il n'en faut pas
moins que ces fruits de notre travail excitent et en-
tretiennent notre intelligence et notre activité en
soutenant la concurrence. Pour cela, il nous faut
des débouchés, et nous pouvons tenir pour certain que la constante attention de l'Angleterre sera
de nous les fermer. J'insiste de plus sur ses procédés
quelque peu machiavéliques à l'égard de la Belgique. Elle lui donne la vie nationale, mais à quelle
condition ? C'est que son industrie dépérisse.

En résumé, je crois être fondé à conclure que la
France et l'Angleterre sont par la force des choses,
par une raison permanente d'existence matérielle,
rivales et adversaires l'une de l'autre. L'histoire tout

entière est là pour le prouver ; si récemment elles
se trouvèrent d'accord, ce ne fut que sur un certain nombre de points isolés et transitoires. S'il se
manifesta une propension mutuelle ce fut, d'une
part, parce que notre gouvernement était dans
l'embarras, et qu'il saisit avec empressement les
avances qui lui furent faites, et d'autre part,
parce que le cabinet anglais avait l'arrière-pensée
d'exploiter tôt ou tard notre confiance suivant des
vues égoïstes. Du reste, les événemens postérieurs
se sont chargés suffisamment de justifier cette in-
terprétation. Aujourd'hui il est constant que nos
anciens alliés ont voulu abuser de notre bonne
foi et nous faire servir d'instrument à leurs desseins. A la découverte de la duplicité avec laquelle
on avait trompé notre vigilance, nous nous sommes fâchés, aigris, courroucés, mais l'effet de ce
sentiment a été de courte durée. Au surplus, ce
n'est pas de courroux dont il s'agit en pareille affaire, c'est de l'observation des faits et de leur appréciation calme et réfléchie. Un premier point qui
doit demeurer établi, c'est que notre gouvernement, dans cet état permanent de rivalité de la
France avec l'Angleterre, doit éloigner toute idée
de renouer avec sécurité les anciennes relations,
et de restaurer une alliance à laquelle préside, des
deux côtés, une complète réciprocité de sincérité,
de justice et de bienveillance. Il doit répudier un
appui qui menacerait sans cesse de se retirer ou de

se déplacer, abjurer son passé diplomatique, et aviser à d'autres combinaisons.

D'abord il lui importe de sortir de l'isolement, situation triste, précaire, onéreuse, qui n'est pas la guerre, mais qui en a toutes les charges sans compensation, sans bénéfice, sans gloire, et sans issue que l'on puisse entrevoir. Il lui faut chercher une alliance, et l'expérience des dernières années doit la lui indiquer. Elle lui montre celle qui lui est la plus naturelle, qui, fondée sur un avantage durable et réciproque, est exempte de tout aiguillon de jalousie, de difficulté à débattre et de toute concurrence. Or l'Angleterre mise à part, quelle puissance nous offre de pareils gages? La Prusse, l'Autriche, ou la Russie? Examinons ces trois états dans leurs rapports avec la France.

Il est difficile de concevoir la désunion de la Prusse et de l'Autriche. Il existe dans l'Allemagne, malgré son défaut apparent de centralisation, une puissante affinité entre ses parties. La confédération germanique n'est pas un vain nom, une forme gothique et usée ; c'est une aggrégation où prédominent deux élémens principaux, autour desquels une multitude de fractions grandes ou petites viennent docilement se ranger. Il y a division à la surface, mais au fond intimité et accord. Conçoit-on la possibilité de voir s'allumer aujourd'hui une guerre intestine dans le sein de l'Allemagne? Le soin de sa conservation défend de l'admettre, et le

plus simple bon sens, à défaut d'un instinct fra-
ternel, suffirait à cette nation multiple, pour lui
faire repousser comme dénaturé le projet d'une
guerre intérieure, qui serait presque une guerre
civile.

L'Allemagne, avec son fractionnement extrême,
ne peut subsister, comme puissance de premier
ordre, que par une union étroite de toutes ses
parties. Pressée comme elle est entre la France et
la Russie, elle ne peut se mouvoir que tout d'une
pièce. Que si quelque état tentait de se séparer de
l'ensemble, il retomberait bientôt étouffé, ou réduit
au vasselage, par l'un des colosses de l'Est ou de
l'Ouest. Même, unie et disciplinée telle qu'elle est,
l'Allemagne n'a pas pleine liberté d'agir au dehors.
Elle est complètement ouverte du côté de la Russie. Son unité est plutôt dans ses vœux que dans
son organisation, plutôt convenue que proclamée, et ne se réaliserait en fait et pour une
guerre, qu'avec difficulté, que pour des causes
très graves, et non sans de nombreux tiraillemens.
L'impulsion qui l'animerait, ne serait ni homogène,
ni compacte, ni continue; et, quelqu'affection
que les Allemands ressentent les uns pour les autres, ce ne sont pas encore des enfans d'une même
patrie, ce sont comme des membres d'une famille
commune mais dispersée. Or, dans une famille,
il existe toujours de secrets dissentimens, des rancunes latentes, et des froissemens qu'on n'avoue

pas. C'est pourquoi l'Allemagne manque de cette
spontanéité, qui est le produit d'un parfait accord
entre les parties intégrantes, de cette vivacité d'i-
nitiative si capable de la faire lever comme un seul
corps et lui inspirer de ces généreuses entreprises
que l'on poursuit hardiment à travers tous les périls. C'est pourquoi encore son but principal est la
simple conservation de son intégrité et le développement de ses ressources intérieures. Si elle in-
tervient dans les affaires du Monde, ce n'est que
comme un poids de plus dans la balance pour
maintenir l'équilibre et pour empêcher tout choc
dont le contre-coup pourrait la blesser. Et si ce
rôle lui devient impossible, pour se mettre à couvert des hasards, elle se range tout simplement du
côté du plus fort. L'Allemagne est pacifique, mo-
deste, conservatrice; mais elle est peu démonstra-
tive, peu énergique, peu propre à soutenir un allié
en des circonstances graves, critiques et qui exigent
du dévoûment. La France n'avait donc pas à compter sur l'Allemagne en face d'une alliance anglo-
russe.

Reste à considérer la Russie. Nous arrivons à un
sujet bien obscurci par les préjugés et les déclamations. Notre parti libéral s'est laissé aller contre l'autocratie du Czar, à une hostilité aussi irréfléchie
dans son principe que mal inspirée par les circonstances. N'ayant égard ni aux tems ni aux lieux, il
s'est fait une Russie à l'image de la France; il l'a

vue couverte d'une population aisée, intelligente, régulière dans ses habitudes, susceptible, en un mot, d'une existence relevée. De là il est parti pour maudire la tyrannie impériale, qui foulait aux pieds les droits de l'humanité. Qu'on se figure donc la Russie telle qu'elle est, avec ses dispositions géographiques, ses mœurs, ses habitans d'origines si diverses, leur genre de vie et leur degré de civilisation, et à moins que l'on ne sache de deux causes opposées déduire des effets identiques, on ne pourra point ne pas repousser toute assimilation entre la France et la Russie, et ne pas admettre une différence importante entre leur organisation politique. L'une a derrière elle un long passé historique, où sont enfoncées les racines de ses lois, de ses mœurs, de ses habitudes, de sa culture morale et intellectuelle, et où se sont développés avec lenteur et sécurité ces élémens de tout ordre social. L'autre est un peuple tout neuf, tout récemment arraché à la barbarie, dont les instincts farouches ne sont pas encore rompus au frein d'une existence régulière. Ce n'est pas tout d'un coup qu'une nation trouve en elle-même les conditions d'accord, de docilité et d'urbanité qui font la vie sociale. Avant qu'elle ne se soit complètement assimilé et qu'elle n'ait acquis ces habitudes d'ordre qui sont le produit de la civilisation, il faut qu'une puissance supérieure les lui ait inculquées de gré ou de force. Or la Russie se compose de peuplades brutes, grossières, indomptées, jetées çà et là sur un territoire immense, bien moins séparées par les distances que par la diversité des races, l'antipathie des mœurs et la disparité des moyens matériels d'existence. Comment relier tant de fragmens épars et rebelles; comment faire pénétrer, dans cet assemblage confus, les principes d'une vie sociale et régulière; comment faire concourir tous ces mobiles lointains et discordans vers un but unique, comment enfin constituer la nationalité de la Russie au-dessus de la multitude de ces boyards, vaïvodes, khans etc., petits tyrans féodaux, si une main ferme, une volonté intelligente à laquelle rien ne résiste, ne s'empare de tous les liens qui unissent cet ensemble, et n'en dispose sans contradiction comme sans limite. L'absolutisme du Czar est forcé, et l'usage de la cour de St.-Pétersbourg, qui rejette du trône un héritier direct, mais incapable, pour lui substituer celui des membres de la famille qui se montre le plus digne de l'occuper, est une garantie pour l'œuvre immense de constituer la nationalité moscovite.

Si nous ne devons en France nos progrès qu'au libre développement de nos facultés, le Czar ne saurait faire avancer la Russie qu'au nom d'une autorité supérieure. Il n'y a pas de milieu, ou la Russie doit croupir dans la barbarie, ou l'autorité du Czar doit avoir son libre cours, attendu qu'il n'existe pas, sur le sol compris entre Riga,

Odessa, Tiflis, la grande Tartárie, le détroit de
Béring et la Laponie, d'autre force organisatrice et
nationale que l'autorité absolue de l'Empereur.
Sans aucun doute le but de toute société est le
progrès en intelligence, en moralité et en richesse;
la liberté n'est d'abord qu'un moyen. Eh bien!
tandis que le seul moyen de nous perfectionner est
la liberté, le seul moyen de civiliser la Russie et
d'en faire une nation, est l'autocratie du Czar. Les
Russes et nous, marchons à la même fin, seulement par des voies différentes, indiquées par l'état
respectif des deux sociétés. D'ailleurs, la différence dans les voies correspond à la différence dans
les situations sociales. Il y a de part et d'autre même
proportion, même justesse, et nous devons esti-
mer le gouvernement russe, au même titre que
nous devons aimer le nôtre; l'un et l'autre de ces
sentimens ont le même point de départ, le désir
du progrès.

Cela posé, je me demande sur quoi sont fondées ces invincibles et puériles répugnances des
libéraux français pour l'empereur de Russie. S'ils
connaissaient un peu mieux leur Voltaire, ils sauraient que ce grand homme, tandis qu'il vouait
sa vie à émanciper les esprits en France, n'avait
pas assez d'expressions louangeuses pour célébrer
la grande, la despote, la cruelle Catherine. Et
Pierre-le-Grand, ne fut-il pas la personnification
vivante de sa patrie? Ne la combla-t-il pas, avec

son absolutisme, des plus grands bienfaits ? Et
Nicolas, l'empereur actuel, s'il semble altéré de
la soif des conquêtes, n'est-ce pas pour compléter
le sol russe et le dégager de ses entraves? Son intelligence n'est-elle pas le miroir réflecteur des besoins de tout le pays? Que vouloir de plus? Que
la Russie soit soumise à un régime libéral? Mais ce
serait vouloir l'absurde; ce serait prétendre que
Charlemague fut un odieux tyran, parce qu'il ne
s'entoura ni de chambres, ni de presse. Admet-
tons la Russie telle qu'elle est, telle que l'a faite sa
civilisation ébauchée; applaudissons même à tous
les pas qu'elle a faits dans la route du progrès. Ne
considérons pas la distance où elle est du but, mais
son avancement relatif, et, éveillant ainsi nos sympathies pour ses efforts aussi heureux que préco-
ces, ouvrons les yeux sur une alliance possible entre la France et la Russie.

Cette idée, bien que déjà produite, est pourtant
neuve encore. Ce qui en fait maintenant l'importance, ce sont des dernières circonstances qui,
dissipant les illusions passagères, ont répandu la
lumière sur tout ce qui se rattache à la situation
actuelle et aux intérêts permanens de notre pays.
D'abord cette idée n'a plus pour organe exclusif les
légitimistes, c'est-à-dire, un parti qui s'est montré trop souvent dominé par des idées qui ont
froissé la nation, et qui, dans ses antipathies pour
l'Angleterre, de même que dans ses sympathies

pour la Russie, n'écoutait que ses passions politiques, et allait chercher sur les bords de la Néva, des maximes gouvernementales, tandis qu'il proscrivait les pratiques de Westminster. D'un autre côté, le traité du 15 juillet et ses suites ont dû nous prouver qu'une alliance fondée uniquement sur des analogies politiques et nullement sur l'intérêt réciproque des parties contractantes, est un édifice établi sur le sable et que le premier vent balaie. Voici donc deux circonstances très propres à mettre l'alliance franco-russe en crédit. Elle perd tout caractère politique, et se trouve résulter *à priori*, de la perpétuelle méfiance que l'Angleterre doit nous inspirer, et de la considération de l'impuissance de l'Allemagne à toute autre chose qu'à se conserver.

Examinons donc les conditions réelles et essentielles d'une alliance entre la France et la Russie. D'abord ces puissances, à elles deux, compriment et désarment l'Allemagne, et leurs marines réunies sont supérieures aux flottes de l'Angleterre. Voilà la paix du Monde établie. La Russie se porte avec résolution sur les Dardanelles et le Sund, les deux clés de la maison, et se déroule sur l'Asie-Mineure et le nord de la Perse, jusques aux contrées rendues inaccessibles par les déserts de sable ou des montagnes infranchissables, jusque même aux petites principautés qui confinent à l'Inde. Tel est son horizon vaste, immense, sans limites, et

partout sans contact avec le nôtre ; car notre
expansion a pour ouverture l'Espagne, l'Italie, la
côte d'Afrique et l'Amérique du Sud, et ces direc-
tions sont les seules que la raison offre à nos projets d'influence ou de colonisation. Quelque pro-
digieuse extension que nous puissions prendre,
nous ne rencontrerons jamais la Russie ; considération de la plus haute importance ! la Russie est
exclusivement agricole, elle ne saurait fournir que
des denrées et des matières premières ; elle ne
fabrique pas, et son commerce ne consiste qu'à
exporter des substances et à réimporter des produits. Elle possède la terre, mais il lui faut chercher au dehors les usines. Chez nous, c'est l'in-
verse, du moins jusqu'à un certain point.

Ainsi l'on voit que, s'il existe entre la Russie et
la France une dissemblance complète, il en naît
cependant des besoins réciproques et de là une
tendance actuelle au rapprochement et à l'harmonie. D'où viendrait l'empêchement à un si heureux résultat ? De nos répugnances nationales ?
Mais j'ai montré combien elles seraient dénuées
de fondement. De l'orgueil autocratique du Czar,
qui dédaignerait de nouer des relations amicales
avec les représentans de la classe moyenne en
France ? Ce serait s'abuser étrangement que de
se figurer le Czar comme un homme à préjugés.
Son poste est le plus élevé qui soit, j'en conviens ;
mais le tems lui a-t-il donné sa consécration au-

guste. Son pouvoir, comme celui qui nous régit, est né d'hier, et si, comme on le dit, il est doué de vues hautes et profondes, il doit savoir que ce n'a pas été, en se berçant dans un doux régime d'étiquette, et dans les fades vanités d'une souveraineté héréditaire, que ses glorieux prédécesseurs ont fondé l'immense empire que le sort lui a confié. Il doit savoir au prix de combien d'efforts, de courage, d'intelligence et d'énergie, ils ont atteint un but si élevé, et réduit sous leur domination 60 millions d'habitans. Il se montrerait indigne de la mission presque surhumaine qu'il a à remplir, s'il ne comprenait, s'il n'estimait à sa haute valeur le génie de notre nation si fécond et si riche de son propre fonds, si hardi et si prompt dans son action. Bien mieux que les gouvernans d'Allemagne, et aussi bien que ceux d'Angleterre, il peut reconnaître et honorer le vrai mérite de la France, celui de n'accepter d'autre supériorité que celle de la capacité, de l'esprit et du caractère. Pourquoi donc rejetterait-il les avances de nos hommes d'état? Pourquoi, au contraire, ne les accueillerait-il pas avec empressement? L'organisation de son empire est commencée et poursuivie avec vigueur, mais elle est loin d'être accomplie. Il a besoin d'aides et de modèles, où pourrait-il en trouver de meilleurs qu'en France? C'est ici seulement que règne cet esprit large et philosophique, dont les conceptions, exemptes de ces étroites préoccupations

de localité sont susceptibles d'une application
universelle. Lois civiles et criminelles , police ,
administration, sciences, arts libéraux et mécaniques , économie politique et commerciale, procédés agricoles et manufacturiers, tous ces élémens
de l'ordre social sont chez nous réduits en théories
applicables à toute nation quelle qu'elle soit. Le
Czar dédaignerait-il cette abondance', où il aurait
tant à puiser? Cela n'est pas supposable, et il doit
sentir le grand besoin qu'il a des services et des
instructions de la France.

Ce ne serait certes pas gratuitement et en faisant trop sentir le prix de notre concours, que
nous subviendrions aux nécessités de la Russie, car
nous en recevrions une ample récompense. L'Allemagne neutralisée et l'Angleterre inquiétée au
Nord et dans toute l'Asie , seraient pour nous des
bienfaits immenses qui nous permettraient de réaliser nos plans d'extension légitime. En un mot, la
France et la Russie, soustraites à toute rivalité ,
mues par un intérêt commun et occupées sans
cesse à des échanges de bons offices, formeraient
l'alliance la plus stable, la mieux fondée en raison
et la plus féconde en résultats généraux que le
Monde entier pût désirer. Elle assurerait la paix
universelle , car sa force ferait la modération des
autres états qui, du reste, comme je le dirai plus
tard, n'en seraient nullement lésés et conserve-
raient, à travers le développement des deux puis-

sances confédérées, leur sphère propre d'activité.

Comment donc s'est-il fait que cette vue si claire des choses ne se soit pas manifestée jusqu'à présent? J'ai déjà dit que notre parti libéral s'était pris d'une aversion irréfléchie pour l'Empereur, disposition qui cessera sans doute devant l'évidence de l'intérêt national. Notre gouvernement eut aussi des torts sur ce point. Après juillet 1830, il lui fallait opter entre un soulèvement révolutionnaire de l'Europe et une réconciliation, patiemment recherchée, avec les divers souverains. Il adopta ce dernier parti, et il eut raison. Mais il fallait qu'il se pénétrât de sa force et s'en prévalût. Ainsi que ne se montrait-il aux chancelleries d'Allemagne, la main sans cesse appuyée sur les outres d'Eole, et prêt à déchaîner sur nos ennemis les orages de la sédition? Mais il craignait trop les agitations intérieures pour prendre cette attitude à la fois pacifique et menaçante. Il avouait hautement la tâche simple et unique qu'il se proposait, l'extinction des passions révolutionnaires, et très probablement ses notes diplomatiques n'étaient pas conçues en d'autres termes. Il s'attachait plus à capter la bienveillance des cours étrangères, qu'à les intimider par sa contenance, et ne pensait pas assez que, si les sympathies volontaires assurent de la façon la plus désirable l'accord mutuel, il est, à défaut de ce moyen, un parti également sûr, lorsqu'on peut le suivre, et nous le pouvions, je veux

parler d'une sorte de fierté, qui est la démonstration de la force. A l'égard de la Russie c'était bien
pis, notre diplomatie ne savait quelle contenance
prendre. Elle savait que le Czar, en augmentant sa
pression sur l'Allemagne, pourrait la pousser contre
nous; ainsi elle se gardait bien de l'irriter. D'un
autre côté, l'influence des passions et des préjugés
que notre gouvernement était obligé de subir, ne
lui permettait, en lui supposant même des intentions parfaitement éclairées, rien qui pût amener
la moindre transaction et la plus légère connivence
avec la Russie. Il lui restait donc l'Angleterre, qui
lui tendait la main. Assurément il eût été déraisonnable de se refuser à cette avance, et même de ne
pas l'accueillir avec reconnaissance; mais il ne devait pas être dupe d'une feinte générosité. Il devait
être là dessus un peu plus instruit que le reste du
pays, et il ne le fut pas. Il était si émerveillé de se
voir dans les bonnes graces de nos anciens et constans ennemis, et en relations amicales avec un an-
tique pouvoir, qu'il se confia naïvement à sa *ma-
gnanime* alliée. Il était séduisant de voir le faisceau
des états constitutionnels se former, se resserrer et
tenir en respect l'Europe absolutiste. Ce spectacle
allait bien à nos sentimens nationaux. Mais il fallait dissiper ces illusions, il fallait que nos hommes
d'état qui, dans les débats d'intérieur, dans les
questions accessibles au public, n'ont souvent rien
de mieux à faire que d'écouter l'opinion, reprissent

leur initiative sur un objet aussi vaste, aussi em-
preint de mystères que la diplomatie d'un grand
empire. Ils ne le firent pas; ils crurent sans doute
que c'était cordialement, sans égoïsme, par pur
amour de la liberté, que le cabinet de Londres le
sollicitait à une vaste alliance constitutionnelle.
Ils s'abusaient; et puisque l'occasion s'en présente,
je ne craindrai pas de convenir du peu de supériorité de nos gouvernans en général, sur les esprits
distingués de la foule. Les lumières chez nous sont
à l'état de diffusion, il n'existe pas de point central
où elles se réfléchissent fortement; c'est pourquoi
il est essentiel de les maintenir vives et égales dans
tout leur rayonnement. Si quelques voix s'élevaient
en faveur de la Russie, elles restaient isolées, et une
majorité immense se déclarait dans le pays pour
l'Angleterre. Notre gouvernement déviait-il de cette
ligne impérative, aussitôt tous les partis constitutionnels de le blâmer, et de le presser de leurs remontrances. Il y avait dans cet instinct national plus
de logique, de suite et d'activité, mais en définitive
une erreur fondamentale; il y avait chez les gouvernans une vue immédiate de faits diplomatiques
et un vague pressentiment de l'avenir, mais de l'hésitation, de la faiblesse et de la nonchalance. Ce fut
le concours de cette obstination pour l'alliance anglaise, et de cette méfiance contre l'alliance russe
jointe à l'incertitude du parti le meilleur à adopter,
qui amena le traité du 15 juillet.

En somme il fallait de la décision, et notre gouvernement n'en eut pas : des deux partis, la rupture
ou la continuation stricte et ménagée de l'alliance
anglaise, ce dernier, le plus mauvais, eût été préférable à son indécision entre le mieux et le pire.
Il perdit, par sa tergiversation, les avantages qui
eussent été inhérens soit à la persévérance exacte
dans l'ancien état, soit à de nouveaux engagemens avec la Russie. D'abord il ne songeait pas
à tourner sa confiance vers St.-Pétersbourg, du
moins il semble qu'on puisse l'affirmer. Il cherchait à séduire l'Allemagne, et sondait ce terrain.
L'antiquité et la noblesse des cours germaniques
pouvait tenter sa vanité; là gisait aussi quelque intérêt dynastique et matrimonial. Sans doute il importait de donner des compagnes aux fils du Trône,
mais pour cela il n'y avait pas à s'inquiéter du plus
ou moins haut degré dans la hiérarchie des principautés allemandes. Le trône de France est trop élevé
au-dessus des petites couronnes d'outre-Rhin, pour
qu'on mesurât la distance. Une princesse intelligente, digne et affable, voilà ce qu'il fallait, et nous
l'avons eue; après quoi c'était assez de caresses à
l'Allemagne. Ce grand pays consistant mais immo-
bile ne nous convenait pas. Tout ce qu'il y eût eu
à en espérer, c'eût été des voix dans un congrès, et
une insistance plus ou moins heureuse pour la
conservation et l'équilibre. Quant à l'activité nécessaire pour mettre un frein à l'agitation inquiète

de l'Angleterre et de la Russie, l'Allemagne fût restée en arrière, par apathie, défaut d'intérêt et crainte de l'animadversion de ces deux puissances. La seule conduite qui restait à suivre était donc d'accepter encore l'impulsion de l'Angleterre, et de l'accompagner dans ses hardiesses et ses envahissemens. Certes, dans cette association, la France n'aurait pas joué le premier rôle, elle aurait concédé à sa rivale une foule d'avantages, et se serait exposée gratuitement à des risques nombreux. Mais au moins, le traité du 15 juillet n'eût pas été conclu, et cette grande mystification n'aurait pas affligé notre patrie.

Comptons les sacrifices que nous aurions eu à faire. En 1836, nous serions intervenus en Espagne pour extirper la guerre civile, pacifier ce malheureux pays, y rétablir l'ordre et la liberté de la circulation, et ouvrir au commerce anglais de vastes débouchés. Le cabinet anglais conservait les traditions de l'art qui lui avait servi à imposer sa domination au Portugal, il comptait étendre ses procédés à toute la péninsule. Il eût envoyé des vaisseaux sur les côtes, et peut-être quelques bataillons pour couvrir Madrid, tandis que notre armée eût eu à s'enfoncer dans les gorges des Pyrénées et au plus épais de l'insurrection. Qu'on juge de la position de nos soldats dans cette contrée dévastée, sans voies de communication et peuplée de *guérillas* et d'assassins. Cette expédition faite, il eût fallu compter avec le parti exalté, autrement dit le parti anglais. Or, dans un pays désorganisé comme l'Espagne, sans autre unité qu'une espèce de lien fédéral, sans administration ni discipline, et sans moyens sûrs et rapides de transport, il est évident que le pouvoir central devait succomber, surtout lorsqu'il reposait dans la main d'une femme. Notre gouvernement avait fait la faute de s'adresser au parti le moins fort. Il ne faut pas trop le lui reprocher, car ses intentions étaient pures, étaient salutaires à l'Espagne, sauf la possibilité de leur réalisation. Il voulait la soustraire aux agitations dissolvantes et à la frénésie des exaltés, et favorisait les efforts qui tendaient à constituer un ordre régulier, libéral avec réserve, et où se fût conservée une portion d'absolutisme suffisante pour en venir le plus promptement possible aux réformes et améliorations urgentes, telles que la suppression des couvens, l'absorption des pouvoirs locaux dans le pouvoir central, l'établissement d'une administration forte et homogène, l'instruction publique, la distribution équitable de la justice, et la construction de travaux propres à faire fleurir de nouveau l'agriculture, et à rendre à l'industrie son ancienne prospérité.

Dans sa conduite à l'égard de l'Espagne, notre gouvernement s'attache à tracer à son alliée les voies de son salut, plutôt qu'à faire tourner l'issue probable de l'avenir à l'accroissement de l'autorité française sur la Péninsule. Le cabinet anglais qui

vit cela, eut le double soin de prendre le contre-
pied, et de viser au réel. En supposant que le
ministère français, par déférence pour celui-ci, fût
entré dans ses vues, il eût en vain sacrifié ses convictions, il ne fût venu qu'à sa remorque, et n'eût
témoigné que de sa docilité.

En Orient, la persévérance dans notre intimité
avec l'Angleterre nous eût, je le crois, fait maintenir l'intégrité de notre allié Méhémet-Ali. Mais
à quel prix? On se rappelle la proposition adres-
sée par lord Palmerston à notre ambassadeur, de
faire, au premier mouvement des Russes sur la
Turquie soit pour l'attaquer, soit pour la défendre,
forcer le Bosphore par nos flottes combinées, et
occuper Constantinople. Nos troupes et celles de
l'Angleterre devaient se charger de la police et de la
garde de l'empire Ottoman, faire peser sur la
Russie une menace incessante, et la tenir constamment en échec. Notre gouvernement vit là un cas
de guerre imminent avec la Russie, et il ne se soucia
pas de s'engager dans une pareille entreprise. Il s'a-
perçut alors trop clairement que son allié de Londres
voulait user de lui comme d'un instrument. Les
événemens de l'intérieur de l'Asie projetaient alors
tout leur jour. Il devenait évident que l'Angleterre
était mue par le plus vif ressentiment, et que si elle
voulait opérer sur la Méditerranée et la mer Noire,
ce n'était que pour dégager le nord de ses possessions asiatiques. En effet, le Czar, par ses agens, soit

officiels, soit secrets, avait fait jouer à la cour de
Téhéran de puissans ressorts, qui devaient réunir
et précipiter sur l'Indus une coalition des plus redoutables. Le siége d'Hérat, place qui commande
le passage du versant de l'Euphrate à celui de l'Indus, et qui dominait l'influence anglaise, était serrée
de près par l'armée persanne dirigée par des officiers
russes. Ce poste était de la plus haute importance;
il fallait pour l'Angleterre non seulement le défendre, mais encore y asseoir pour l'avenir, une force
prépondérante, qui écartât toute tentative ouverte
ou cachée de la Russie. Ce dessein était traversé par
de nombreux embarras; il régnait dans ces contrées une fluctuation continuelle, qui tantôt secon-
dait et tantôt rompait les combinaisons des deux
grandes puissances adverses. L'Angleterre conçut
dès lors la pensée d'appeler toute l'activité russe
sur les confins de l'Europe et de l'Asie. Nous étions
attirés dans cet effort, mais notre gouvernement
résista. C'eût été très bien, s'il avait disposé d'autres ressources, et s'il avait eu en réserve un autre
appui que l'alliance qu'il abandonnait. Mais s'étant
trouvé jusqu'alors sous l'infatuation du plaisir
que lui avait causé l'amitié de l'Angleterre, n'ayant
pas consenti à s'éclairer par la tournure des dernières affaires d'Espagne, il n'avait nullement
pourvu au cas, où il serait dans l'alternative ou de
s'employer de la façon la plus onéreuse pour d'é-
goïstes alliés, ou de tomber dans un triste délais-

sement, en face de puissances jalouses, qui, par un revirement subit, se rapprocheraient et ne négligeraient rien pour l'écarter du réglement des intérêts européens.

Le Czar, s'apercevant de cette fausse position, résolut d'en profiter. L'Angleterre était sa plus irréconciliable ennemie, et tant qu'elle resterait unie à la France, elle lui serait extrêmement redoutable. Que va-t-il faire ? Sacrifier toutes ses prétentions, refouler au dedans de lui tout ressentiment, toute pensée de haine et de vengeance, tendre la main à l'Angleterre, et lui offrir avec abnégation, les plus grands avantages. M. de Brunow était chargé de dire au cabinet de St-James, que son maître renonçait au traité d'Unkiar-Skelessi, qu'il répudiait toute idée de s'emparer de Constantinople, que tous ses désirs se résolvaient dans le bien du Sultan; qu'il voulait le fortifier et le restaurer en abattant le Pacha, et éloigner indéfiniment toute crise, où la Turquie eût à implorer le secours de la Russie. Quoi de plus édifiant que ce langage? Où trouver un aussi noble désintéressement? Disons-le, un pareil procédé du Czar était trop inusité, pour que le ministère anglais n'eût pas à y réfléchir. Pendant long-tems les négociations traînèrent ; les offres de la Russie étaient trop séduisantes, pour qu'on ne s'en méfiât pas.

Sur ces entrefaites, que se passait-il en France? On s'évertuait à pénétrer le but de la mission de

M. de Brunow. On l'examinait sous toutes les fa-
ces, et on ne comprenait pas. On allait loin dans
les suppositions, mais non pas jusqu'à penser ce
qui en était, c'est-à-dire que le Czar ajournait ses
prétentions, et que le gouvernement anglais, profitant de cette circonstance et ajournant de son
côté la réalisation de ses vues, songeait à s'allier
avec la Russie, pour devenir immédiatement prépondérante en Egypte. Ou bien on allait au-delà
du possible, en disant qu'il se préparait un partage
de l'Empire Ottoman, qui rappelait l'odieux précédent du partage de la Pologne; ou l'on restait
beaucoup en deçà de la réalité, lorsque M. Thiers
déclarait que M. de Brunow ne pouvait qu'échouer.
Il devenait de jour en jour plus visible que l'Angleterre se jouait de nous, et notre ministère (c'é-
tait alors celui du 11 mai, présidé par le maréchal
Soult), en appelait naïvement à un concert européen, après avoir arrêté Ibrahim, lorsque vainqueur à Nésib, il marchait sur Constantinople. Notre gouvernement demander un concert européen!
tandis que le Czar et le cabinet anglais conve-
naient d'exclure la France des affaires européennes;
tandis que le prix du désintéressement de la Russie était notre propre abaissement, et que l'adhésion de l'Allemagne ne laissait plus de doute sur les
sentimens de ces diverses puissances! mais c'était
plus que de la naïveté, c'était du ridicule. Sans
doute cette proposition eût été bien inspirée, si

elle n'eût eu pour but que de sonder le terrain;
mais s'y attacher sérieusement, en faire la base de
sa politique, c'était s'abuser de la manière la plus
étrange.

Cependant le maréchal Soult sort d'un département qui lui était trop étranger, et M. Thiers le
remplace. Ce n'est pas certes la perspicacité qui
manquera à ce ministre. Il ne s'abusera point, il
verra combien la situation est embarrassée, il
comprendra l'humiliation qu'on voudra faire subir
à la France. Que fera-t-il? Il voudra escamoter
la difficulté, amener un arrangement subit entre
le Sultan et le Pacha, vider ainsi le terrain et ren-
voyer les coalisés chacun chez eux, sans qu'ils aient
le moindre prétexte d'en sortir. C'eût été le fait
d'une extrême habileté, mais malheureusement ce
projet ne réussit pas. Il fut prévenu et vit éclater
sur lui le traité du 15 juillet.

Alors la France fut frappée d'une sorte de ver-
tige. Il n'y eut personne qui demeurât de sang-froid.
On se laissa aller aux exagérations les plus extrêmes.
D'une haute inconvenance, on fit une insulte, un
affront qu'il fallait laver dans le sang des batailles.
Tout le monde était indigné que la France eût été
trompée par son unique allié, l'Angleterre. On
voulait la guerre; on s'y croyait irrévocablement
engagé. On avait auparavant professé des sympathies si chaleureuses pour le Pacha, on s'était figuré avec tant de complaisance une résurrection

de l'Égypte, accomplie sous les auspices de la France, qu'il était cruel de renoncer à cette illusion, et de voir un allié infidèle triompher de ce désappointement douloureux. Notre gouvernement avait tour à tour excité et retenu le Pacha, il semblait son tuteur responsable, son protecteur hautement avoué. Il allait là pour la France de sa loyauté, de ses intérêts et de sa gloire. Ainsi donc point d'hésitation : la guerre, et une guerre générale! M. Thiers en proclamait l'imminence; et, disons-le, pour l'honneur de la vérité, ses détracteurs les plus violens d'aujourd'hui s'unissaient à son ardeur belliqueuse. Si l'on excepte un petit nombre d'esprits froids et réfléchis, tout le monde y était vivement entraîné. On s'exagérait et l'offense et les dangers. On supposait que le traité du 15 juillet était le renouvellement de la sainte alliance, que son but final était l'humiliation de la France, et que le premier acte d'exécution de ce projet serait le partage de l'empire ottoman, l'attribution de Constantinople à la Russie, et d'Alexandrie à l'Angleterre. On était sous l'influence des plus graves préoccupations politiques, on ne voyait rien moins que le gouvernement de juillet courbé sous le coup d'une menace. Aussi la conclusion vers laquelle aboutissaient toutes ces alarmes était la préparation à la guerre.

Pour reconnaître tout ce qu'il y avait de mal fondé dans ces agitations, il suffit de remettre sous les yeux la situation respective des deux puissances qui provoquèrent le traité du 15 juillet. Il suffit de se rappeler ce que j'ai dit de leur rivalité et de leur invincible et permanente hostilité. Si le ministère anglais avait trouvé la France rebelle à son dessein de la lancer contre la Russie, et avait hérité contre elle d'une ancienne et étroite jalousie, il eût été satisfait de la voir abaisser; de son côté, le Czar, qui ne voulait qu'affaiblir l'Angleterre en la séparant de son alliée, eût certes fait un mauvais calcul, en cherchant à diminuer l'obstacle le plus fort qui pût être opposé à l'ambition britannique. Cette diminution résultait en fait du traité, mais elle était compensée, et bien au-delà, par la séparation des cabinets de Paris et de Londres; quant au reste, il importait au Czar qu'elle fût, à part ce balancement, la moindre possible. De son côté, l'Allemagne ne se fût nullement souciée de recevoir les premiers coups portés par la France; elle n'eût point consenti à faire l'office d'une meute, que l'Angleterre et la Russie se fussent complus à voir tantôt déchirante et le plus souvent déchirée. En somme, il n'était pas raisonnable de penser que le traité du 15 juillet fût l'œuvre d'une vaste conjuration contre l'existence politique et nationale de la France.

Le partage de l'empire ottoman était-il également hors de prévision? Pas autant. Mais en y réfléchissant avec attention, on aurait découvert qu'il ne pouvait pas se réaliser. Certes l'Angleterre, ni même l'Autriche n'auraient souffert l'occupation de Constantinople par les Russes ; d'ailleurs nous l'avons dit, le Czar avait ajourné ses prétentions. Cela étant, l'Angleterre n'avait rien à revendiquer pour elle. Le Czar s'était montré désintéressé, il avait acquiescé aux désirs du cabinet anglais ; l'ayant cru irrité contre le Pacha, il lui avait offert de châtier l'auteur de son courroux. Que la boutade éclatât, que le Pacha fût frappé, soit, puisqu'il plaisait ainsi à l'Angleterre. Qu'en pouvait-il résulter de plus fâcheux que le ressentiment de Méhémet-Ali, et le dessein qu'il formerait de reprendre l'offensive en tems opportun , de menacer de nouveau le Sultan et de mettre celui-ci dans la nécessité de se jeter dans les bras de ses voisins du Nord? Rien dans cette perspective n'était de nature à inquiéter la Russie.

Mais il ne fallait pas que le châtiment allât trop loin, que l'Angleterre s'agrandît et fit autre chose que se brouiller avec la France. Au-delà on fût entré dans un tout autre ordre de rapports. En effet, que l'Angleterre s'établit à Alexandrie et aux sources de l'Euphrate, et assît sur ces deux points capitaux une solide domination , qu'ainsi la Perse fût prise à revers du côté des Indes, et qu'une ligue de répression fût tracée autour des possessions russes du Midi, en même tems que la Turquie serait solidement appuyée, aussitôt la face des choses eût changé, le Czar eût eu cruellement à se repentir de sa feinte longanimité, et l'on eût vu s'ouvrir une carrière interminable de guerres. C'était cette possibilité qui faisait dire par le général Sébastiani à lord Palmerston, qu'il lui était libre de se livrer, de concert avec la Russie, à la réorganisation violente de l'Orient, que la France resterait spectatrice; qu'il lui suffirait d'une courte attente pour voir ses deux rivales se retourner l'une contre l'autre, et s'entre-déchirer, et qu'alors l'occasion serait belle pour nous d'intervenir en arbitres supérieurs. Ces paroles étaient sages et nobles, elles s'adressaient aux deux éventualités, celle de la tentative d'un partage que ni l'Angleterre, ni la Russie n'eussent voulu réaliser, par ombrage l'une de l'autre, et celle d'un simple et puéril châtiment du Pacha. Dans ce dernier cas aussi, la France pouvait rester spectatrice d'une vaine démonstration.

En effet, si l'on met à part le but de la Russie, la dissolution de l'alliance anglo-française, à quoi se réduit le traité du 15 juillet? Au misérable bombardement des ports inoffensifs de la Syrie, et à de faciles prouesses des Anglais, abordant sur des plages balayées par le feu de leurs vaisseaux. Ibrahim, canonné en avant, fusillé en arrière par les insurgés du Liban, est forcé d'évacuer la Syrie. Fier de ses exploits, l'amiral anglais vient courir des bordées devant Alexandrie, et menace d'incendier cette capitale. Il fixe, avec un dédain altier, un délai au Pacha pour se soumettre. Le délai se passe, et cependant Alexandrie n'est pas brûlée. De son côté, le divan de Constantinople, fait semblant d'être extrêmement courroucé de l'insolente résistance du Pacha, il lui retire jusqu'à l'Égypte et prononce sa déchéance. Il affiche de la hauteur et du mépris; d'un mot il pourrait, avec ses excellens alliés, écraser le rebelle, cependant il s'apaise et se radoucit. L'Angleterre qui ne désirait rien tant que l'exécution complète du Pacha, implore en sa faveur la clémence du Sultan, et la grace est accordée. Un premier hati-shérif confère la possession viagère à Méhémet-Ali, et un second l'hérédité à sa descendance. Voilà donc le traité du 15 juillet accompli.

Quel en fut le résultat ostensible? La Syrie transmise du Pacha au Sultan. Beau résultat vraiment, et qui fait honneur aux conceptions qui l'ont voulu! Qu'est-ce que fait à l'Europe que le Sultan ait un peu plus ou un peu moins de Syrie, ou même point du tout? Ce qu'elle veut, c'est qu'aucune de ses cinq grandes parties ne s'accroisse outre mesure, et ne rompe l'équilibre. Or, ni la Turquie, ni l'Égypte, par l'étendue respective de leur territoire n'étaient susceptibles de modifier ce balancement. Si la Syrie, ôtée au Pacha l'affaiblissait, parce qu'il savait en tirer parti, la Turquie, pour qui elle devenait une charge, n'en était que plus accablée.

Le traité du 15 juillet n'aboutissait, dans sa partie officielle, qu'à nuire à l'œuvre utile et louable du Pacha, sous la main duquel ces provinces se relevaient. Quant à la partie secrète, celle que la Russie avait ambitionnée et provoquée, l'extinction de l'alliance anglo-française, elle devait nécessairement avoir son effet.

C'est ce que notre gouvernement devait voir ; c'est ce qu'il devait accepter sans trop de peine. Assez et trop long-tems, il avait eu à reconnaître la fragilité de l'appui que lui offrait l'Angleterre. C'était presque une bonne fortune pour lui, que cette circonstance qui lui en renouvelait la preuve ; il devait profiter du désabusement du pays sur ce sujet. Il était exclu du concert européen, mais ce concert ne devait avoir qu'un tems borné, après quoi chacun serait rendu à ses affinités et à ses répulsions naturelles. C'est alors que la France, obéissant à ses tendances, serait conduite à s'éloigner d'une alliance semée de piéges et de contrariétés, et à se rapprocher de la puissance que j'ai prouvé être la seule capable de nous seconder constamment et vigoureusement.

En attendant, notre diplomatie devait être blessée de l'exclusion qu'on lui avait fait subir. L'offense était réelle et incontestable, elle voulait être réparée. Mais quel était son degré de gravité? Qui en encourait la responsabilité? A qui et comment devions-nous demander satisfaction ? Question

fort importantes et que je crois avoir été mal réso-
lues par nos hommes d'état. D'abord un fait déplorable dans la conduite où ils nous engagèrent, c'est
la contradiction étonnante qu'ils manifestèrent
d'un mois à l'autre, c'est le brusque retour de l'attitude la plus fière et la plus belliqueuse à l'insou-
ciance, l'abnégation et la complaisance. En vain dira-
t-on que ce fut l'effet de la mobilité parlementaire.
Il y eut, c'est vrai, changement de personnes au 29
octobre; mais auparavant, tout le monde, à peu
d'exception près, n'était-il pas d'accord? L'énergie et même la guerre n'étaient-elles pas l'expression de la pensée nationale? D'ailleurs en admettant même des divergences primitives, pourquoi
demeuraient-elles couvées en secret? Pourquoi ne
se produisaient-elles pas au grand jour? Il y eut,
sans doute, quelques opinions émises hautement
en faveur de la paix, mais qu'elles étaient mal son-
nantes! Suivant elles, le traité du 15 juillet était
l'œuvre la plus juste et la plus sage, et notre gouvernement n'avait été qu'un brouillon de ne pas y
accéder. De pareils argumens ne méritaient pas
qu'on s'y arrêtât.

La vérité est qu'on était généralement déso-
rienté. L'existence de la France avait paru liée in-
dissolublement à l'alliance anglaise. Le nœud
rompu, on se trouvait hors de toute prévision,
et jeté au milieu des suppositions illusoires et des
craintes chimériques. Un instinct vague et tout

français nous faisait vouloir la guerre , sans en trop
savoir le motif et le but , simplement pour couper
court aux complications , et avoir un horizon des-
siné. Notre premier ministre , qui avait, comme
tout le monde , été pris au dépourvu , en était irrité ; son naturel et sa situation politique le pous-
saient à la guerre. Aimant ce qui est grand , agité ,
périlleux , de plus , s'étant assigné pour rôle per-
sonnel de défendre la dignité nationale vis-à-vis de
l'étranger , ayant emprunté son crédit principal de
ses déclarations énergiques et passionnées sur ce
point , il était porté par ses goûts audacieux et les
exigences de ses antécédens , à résoudre l'état de
trouble où se trouvait le pays , en vengeance , en
démonstrations altières et belliqueuses. Autant
pour acquiescer à son parti, que pour donner un
levier à ses desseins, il toléra l'excitation révolutionnaire que produisaient les journaux ses affidés.
La *Marsellaise* retentissait de nouveau dans nos
spectacles et sur nos places publiques. Le traité du
15 juillet, grossi dans son esprit , était représenté
comme un épouvantail terrible ; mais c'était la mon-
tagne qui enfante une souris.

Cependant, à mesure que nos armemens se pour-
suivaient à frais immenses, les événemens s'accom-
plissaient avec une rapidité qui ne nous laissait
plus aucun recours. Nos remontrances adressées
au cabinet anglais n'amenaient que des réponses
hautaines et dédaigneuses ; la Prusse et l'Autriche

adhéraient complètement au traité, et le Pacha était partout défait avec des apparences humiliantes. Par contre-coup, lorsqu'on vit en France arriver le moment de passer des paroles au fait, et de se jeter dans une guerre acharnée, les esprits se calmèrent, et les intérêts prirent l'alarme. Le premier élan national faisait place aux divisions de parti. Les conservateurs se relevaient, se reformaient ; et, comme M. Guizot le déclara, les soulèvemens intérieurs les inquiétaient plus que les menaces de l'étranger. En effet, le traité du 15 juillet était destiné bien plus à nous éviter, qu'à nous atteindre. L'agitation et les clameurs de nos patriotes répétant : *Que veut cette horde d'esclaves* n'avaient rien de sérieux. D'un autre côté, les conservateurs, qui se disaient possesseurs de l'estime de l'Europe, se targuaient de résoudre toute difficulté, de parer à tout danger par des arrangemens pacifiques et en en appelant à la raison commune des gouvernemens; mais ils n'apportaient rien en preuve de leurs présomptueuses assertions, et, à bien prendre, ne devait-on pas imputer à leur imprévoyance et à leurs tergiversations antérieures, l'exclusion de la France du traité du 15 juillet. Ils avaient prétendu faire le bien du pays, en se tenant à part des passions et des préjugés populaires, et tandis que le parti libéral avait, à l'excès et maladroitement, recommandé l'alliance anglaise, eux, les modérés et les sages, avaient manifesté de la défiance envers le cabinet de Londres, et rejeté des propositions compromettantes. Ils avaient bien fait, mais ils s'étaient montrés du reste insuffisans. S'ils avaient eu, soit la hauteur de vues, soit la liberté et la plénitude d'action nécessaires, ils auraient immédiatement pourvu au remplacement de l'étai qui chancelait. Ils ne se seraient pas contentés de légères avances adressées à l'inerte Allemagne, ils seraient allés jusqu'au fond de la situation des choses, ils auraient percé jusqu'à la vue nette de l'équilibre européen, et l'auraient découvert dans le rapprochement de la France et de la Russie.

M. Guizot, arrivé aux affaires lors du 29 octobre, prit une attitude ouvertement pacifique, et se posa en réparateur des témérités de M. Thiers. Vouloir la paix était très bien, parce qu'il n'y avait pas de raison pour faire la guerre, et qu'une guerre sans motif est absurde et inhumaine. Mais comment rétablir la paix, non pas seulement dans le fait, mais dans les esprits? Comment ramener la concorde, la confiance et l'harmonie? C'était une tâche fort délicate. Nous avions des griefs à venger, cela est certain. Nous ne pouvions les oublier incontinent; nous ne devions même jamais les perdre de mémoire. Mais qui en était responsable? Etait-ce la Russie qui avait provoqué le traité? Non assurément, car elle ne nous devait rien, je présume, en rémunération des injures que nous lui adres

sions quotidiennement. Était-ce l'Allemagne? Mais
nos relations avec elle avaient été insignifiantes ;
d'ailleurs si elle s'était engagée dans la coalition,
c'était visiblement malgré elle, et dans le désir
d'en atténuer autant que possible les conséquences. Était-ce enfin l'Angleterre? Pour celle-là, il
n'y avait pas de doute qu'elle n'eût abusé de notre
confiance, et qu'elle ne nous mystifiât. Notre
gouvernement avait fait éprouver au cabinet anglais quelque désappointement au sujet des mesures de répression contre la Russie ; mais au fond
leurs intentions étaient restées les mêmes, et ils
étaient toujours censés combiner respectivement
leurs politiques, en comptant sur un appui mutuel.
Le retrait clandestin de cet appui était un acte de
malveillance et de déloyauté, surtout lorsqu'il était
possible que ce manque de foi dégénérât plus tard
en procédés humilians et en hostilité ouverte. Bien
qu'il y eût eu des causes antérieures de refroidissement, le contrat primitif subsistait, il n'avait rien
perdu de son caractère obligatoire, et sa rupture
soudaine venant de l'une des parties, était non
moins impérieuse pour l'autre partie que domma-
geable à ses intérêts. Il est vrai que le Pacha étant
loin de nous, son maintien et sa consolidation n'in-
téressaient qu'indirectement notre sûreté et notre
influence; mais notre gouvernement s'était déclaré
pour lui, et avait pris des engagemens qui, sans
être positifs et officiels, n'en avaient pas moins leur

valeur morale; le traité du 15 juillet portait donc
avec lui un caractère vexatoire pour la France.

L'Angleterre nous avait certainement offensés.
Mais si l'abandon perfide d'un ami est douloureux
et propre à faire germer les ressentimens les plus
vifs, il n'y a pas là nécessité immédiate d'en venir
aux mains. Je dirais volontiers à ce sujet que les
peines de cœur ne sauraient s'effacer par le plaisir d'une récrimination violente. Nous avions été
dupes, et quoique nous fissions, nous ne pouvions
empêcher que nous ne l'eussions été. Aurions-nous
voulu attaquer l'Angleterre? Le Czar s'en fût ré-
joui; mais malheureusement le traité écrit le liait,
et, à moins de trahir ses engagemens, il ne se fût
pas dispensé d'envoyer au secours de son allié et
de susciter l'Allemagne contre nous. Voilà donc
que nous aurions attiré sur nous une guerre générale, et cela parce que l'Angleterre aurait trompé
notre confiance! Pareille vengeance eût été dérisoire.

Nous devions rester en paix; mais dans quelle
vue? évidemment avec le dessein de prendre notre
revanche à l'égard de notre ancienne alliée. Or ce
résultat devenait très possible, mais à la condition
d'avoir de la patience. Nous avons vu que la Russie
est naturellement en rivalité avec l'Angleterre; la
France est dans la même situation. Or deux puissances, qui ont dans deux sphères différentes le même
intérêt de conservation ou d'agrandissement à

défendre contre les entreprises d'une troisième,
sont bien près de s'accorder. En vain les circonstances s'y opposent; le tems s'écoule bientôt,
emportant les dissentions accidentelles et rame-
nant l'intelligence et l'union. Il ne fallait que savoir attendre, pour faire repentir grièvement
l'Angleterre de sa mauvaise foi et de son insolence.
Quels n'eussent pas été ses regrets, si, après un
court espace, elle eût vu la coalition du 15 juillet
se dissoudre peu à peu, par une force négative,
après que les stériles conséquences du traité se
seraient accomplies, et à ce rassemblement passager
succéder, entre la France et la Russie, une amitié
d'autant plus solide qu'elle était fondée sur une
parfaite communauté d'intérêts. Alors il ne lui fût
resté d'autre recours que l'Allemagne, pressée
comme dans un étau, entre des voisins prêts à l'é-
craser; alors ses flottes eussent eu à modérer singulièrement leur allure, en face des pavillons de la
marine franco-russe; alors eût été trop expiée la
faute du 15 juillet.

Mais, pour parvenir à ce but, il fallait que notre
gouvernement restât quelque tems à l'écart, affec-
tant même l'indifférence sur les suites du traité
du 15 juillet. N'en témoigner aucun souci était
le meilleur moyen d'ôter aux puissances étrangères l'idée d'un triomphe sur la France. S'étant
trouvées suffisamment en présence l'une de l'autre et craignant qu'un contact trop fréquent n'allu-

mât à la fin quelques querelles, elles eussent senti
le besoin de renoncer au plus vite à un rôle qu'elles
ne pouvaient plus jouer avec la France, de s'abuser
réciproquement; et la France aurait bientôt trouvé
la place nette, les camps épars et la facilité de
choisir à sa convenance l'alliance qu'elle eût jugé
la plus convenable à ses intérêts. Ce qui est factice
ne dure pas, et le traité du 15 juillet, en ce qu'il
avait d'apparent, la reconstitution de l'empire ottoman, était destiné à s'évanouir promptement.
Abandonné à lui-même, il ne devait aboutir qu'à
un seul résultat, dont il recèlait en lui le principe,
la dissolution de l'alliance anglo-française, résultat
qui n'était propre d'ailleurs qu'à nous satisfaire et
à nous pousser vers la Russie, où un avantage
certain semblait nous entraîner. Seulement il fallait à notre gouvernement du tact et de la réserve,
il fallait qu'il s'abstînt de toute avance prononcée,
de toute recherche obséquieuse, et qu'il cédât
sans trop d'empressement à la tendance naturelle
qui le portait à se rapprocher de la Russie.

Que fit, en ces conjonctures, le ministère du 29
octobre? Suivit-il le plan tracé par la raison? et
tira-t-il de la position d'isolement dans laquelle il
se trouvait placé, le seul bon parti possible? Non, il
adopta, pour tâche, de rentrer dans le concert
européen. Ce fut, il faut en convenir, beaucoup
de bonne volonté pour prolonger un état de choses
affligeant pour la France? Qu'est-ce que ce con-

cert? Est-ce une institution régulière, permanente,
destinée à vider tous les conflits européens? Est-ce
le tribunal où se dictent les arrêts du droit des
gens? En être exclu, est-ce une sorte d'excommu-
nication, une flétrissure, une situation déshono-
rante et intolérable? Il y eut en France, et même
dans la Chambre, des hommes assez naïfs pour
soutenir une pareille thèse. Il leur a fallu un sin-
gulier mélange de candeur et d'humilité pour voir
en cette circonstance la fraternité du genre humain
personnifiée par les quatre puissances signataires
du traité du 15 juillet, l'une qui figure assez bien
la cupidité, la seconde la ruse, et les deux autres
le respect du plus fort. Tels seraient les types de
vertus auxquels la France, jusque là récalcitrante
et incrédule, devait se conformer.

Mais la Chambre, lorsqu'elle voulut la paix,
n'entendit pas, dans sa session de 1841, sanctionner ces homélies si débonnaires et si pusillanimes.
Elle admit, sans doute à tort, la possibilité de rentrer dans le concert européen, mais elle voulut que
ce ne fût qu'en échange de certaines concessions,
qu'alors on ne pouvait prévoir et préciser, mais
que les événemens ultérieurs dicteraient. Elle ne
prescrivit rien parce que le régime européen
était alors la confusion et l'incertitude; mais elle
repoussa toute idée de ratifier le traité du 15 juillet. Avec un effort de raison de plus, elle eût compris qu'il suffisait de ne pas toucher à ce traité,

pour qu'il s'écroulât spontanément. En somme, la majorité s'était décidée pour un isolement armé [1].

Que va faire le ministère du 29 octobre? Il travaille de toutes ses forces à se faire réintégrer dans le concert européen, et il achète cette faveur au prix de son adhésion au traité du 15 juillet. Je sais tout ce qu'on a dit pour excuser les auteurs de cette faute, et même pour leur en faire un titre à la reconnaissance publique. On a prétendu que c'était par égard pour la France, que le Pacha avait été maintenu; j'ai fait voir qu'en aucun tems les puissances étrangères n'avaient entendu agir autrement. Si le ministère du 29 octobre se vante d'avoir conquis ce qui ne devait pas être disputé, doit-il être sérieusement écouté? Puis on l'a beaucoup loué d'avoir repris d'autorité son rang dans le Conseil des souverains de l'Europe. S'il se plaît à perpétuer une réunion qui a été fondée dans une intention hostile contre la France, on ne saurait trop dorénavant s'il a la saine intelligence des intérêts du pays. « Mais il a obtenu la convention du 13 juillet 1841, la fermeture des détroits. » Si cet arrangement avait quelque sens, on pourrait dire

[1] Je recommande à ce sujet le travail de M. Duvergier de Hauranne, inséré *dans la Revue des deux Mondes*, n° du 1er septembre. Il y règne un ton décourageant et une certaine âpreté de polémique. Mais le tableau des échecs et des fautes de notre gouvernement n'y est que trop vrai et trop fidèlement reproduit.

qu'il est bon ou mauvais ; mais il n'en a aucun, c'est pourquoi on ne saurait l'approuver ou le condamner. Sur quoi repose cette clause que les détroits de Constantinople et des Dardanelles resteront fermés ? Sans doute sur une force locale et permanente, attendu qu'en cas d'infraction, il n'existerait pas de tribunal qui fît aussitôt saisir le délinquant, et le châtiât de telle sorte qu'il ne fût plus tenté de recommencer. Mais où est cette force ? Dans la Turquie ? Dans les soldats d'Abdul-Medjid ? Mais ce serait de la fantasmagorie.

Il semble que cet article, destiné à protéger l'empire ottoman, soit une sauve-garde contre l'ambition de la Russie, et pourtant la Russie s'y soumet. Ne devrait-on pas être surpris du désintéressement du Czar, qui depuis dix-huit mois n'apporte aucun obstacle à tout ce qui semble être fait contre lui. Mais qu'on y regarde de plus près, l'on verra que cette convention n'a rien que d'illusoire, au point que ses défenseurs, même les plus chaleureux eussent préféré à cet article un article directement contraire, qui ouvrît les détroits à toute nation et en toute circonstance. C'est là une manière de plaidoyer fort étrange. Il est très vrai que le contraire de ce qui a été adopté aurait eu au moins quelque portée. Dans le cas d'une guerre imminente, de prompts secours auraient été envoyés à Constantinople, tandis que, d'après la convention dont il s'agit, on devrait attendre qu'elle fût rompue au préalable par la Russie, c'est-à-dire que Constantinople fût occupé, et le mal devenu peut-être irréparable.

Si c'est pour obtenir de telles stipulations que le ministère du 29 octobre est rentré dans le concert européen, on ne peut s'empêcher de conclure, avec M. Duvergier de Haurane, qu'il nous a fait perdre le dernier refuge qui nous restait, l'isolement et l'indépendance. Il alléguera que la convention du 13 juillet n'est qu'un préambule, et qu'il se réserve d'exiger des avantages moins équivoques et plus effectifs. Je le désirerais vivement, mais je ne le crois pas. Le concert européen qui, encore aujourd'hui, a son cours, portera toujours la date du 15 juillet 1840. La pensée qui l'a enfanté continuera de l'animer jusqu'au bout, et toujours planera sur cette assemblée l'intention primitive d'exclure la France du règlement des affaires d'Orient. Dans cette situation, notre gouvernement devait se tenir strictement à l'écart. Son honneur le lui commandait, et son intérêt ne l'exigeait pas moins.

S'il eût agi ainsi, le traité du 15 juillet fût bientôt passé dans le domaine de l'histoire, tandis que c'est notre intervention qui l'a ravivé, et a excité les quatre puissances signataires à reformer leur faisceau. Nous serions demeurés étrangers à ce traité, et libres, par conséquent, d'en obtenir

ultérieurement la révision. Bientôt les rivalités natives et radicales auraient surgi de nouveau, séparant et aigrissant la Russie et l'Angleterre. C'est
alors seulement que nous aurions reparu sur la
scène, avec toute l'ascendant de nos forces et de
notre influence.

Pourquoi cependant M. Guizot, doté de tant
d'intelligence, en est-il venu à désobéir à la Chambre, quand les instructions de celle-ci étaient sages, et à employer si mal à propos le droit de la
royauté de traiter avec l'étranger ? Il semble qu'en
cela il ait cédé au besoin de sa position politique
à l'intérieur. Il faut considérer qu'il entra au ministère, pour en écarter M. Thiers et pour arrêter le mouvement belliqueux qui se propageait
dans le pays. La Chambre l'approuva. Son programme et son rôle d'alors se résumaient en une
force d'inertie. Mais cette œuvre d'utilité n'avait
rien de brillant, elle reposait sur de petits moyens
et de petits services. L'ambition de M. Guizot ne put
s'en contenter. Si M. Thiers avait voulu l'énergie
déployée en grand, M. Guizot voulut la paix sur
une grande échellle. Sachant que, pour conserver
l'union dans un parti, il faut l'exercer, le tenir en
haleine et le pourvoir d'un aliment continuel, il
s'empara de cette thèse malencontreuse que, tandis
que la gauche n'est propre qu'à semer le trouble
tant à l'intérieur qu'à l'extérieur, en agitant les passions populaires, le parti conservateur n'est pas

moins apte à s'acquérir l'estime et la faveur des gouvernemens étrangers, pris collectivement, qu'à faire régner l'ordre dans nos cités.

Fort de ce point de départ, M. Guizot voulut constater au plus tôt le privilége de son parti, et l'honneur qui lui serait fait par les puissances étrangères de l'accueillir sans délai à leurs délibérations. Il sembla envisager le conseil européen comme un organe de justice et de conservation, dégagé de la turbulence des masses, et guidé par la seule voix de la raison. Ou bien, il crut que l'unique moyen de restituer à la France son rang et sa part d'action, était de la réintégrer dans l'assemblée de Londres. L'un et l'autre de ces points de vue était erroné, la démarche qui s'en suivit fut nuisible, et le premier résultat qui en sortit, n'offre qu'une apparence stérile, tandis qu'au fond, il nous a fait abjurer nos protestations contre un traité malveillant, et qu'il éloigne le moment où, à la faveur de la dissolution d'une réunion précaire, nous pourrons reconstituer au dehors notre situation sur des bases plus larges, plus fermes et plus durables

La Chambre, dans la session qui va s'ouvrir, ratifiera-t-elle, par son approbation, les engagemens de M. Guizot ? Ne sera-t-elle point touchée de la faute qu'il vient de commettre ? Le laissera-t-elle s'avancer indéfiniment dans la voie qu'il a adoptée ? Si l'on se représente l'état d'indécision qui, depuis deux ans et demi, depuis la dissolution de la coalition, règne sur notre assemblée représentative, et si l'on se rappelle que, parmi les causes qui amenèrent cet état fâcheux, on peut compter l'obstination générale à prendre pour unique boussole et comme appui infaillible et exclusif, l'alliance anglaise, on ne peut espérer de voir surgir l'idée neuve et féconde d'une alliance, dont la formation ne serait pas sans doute instantanée, mais qui, commandée par la raison et par une affinité mutuelle, aurait été préparée avec persévérance et effectuée avec modération.

Quoique fasse la Chambre et le ministère, il me semble que tôt ou tard, et en dépit même de la conduite la plus maladroite, ce que veut la nature des choses ne manquera pas de s'accomplir. Les individus disparaissent devant les grandes lois de la raison. Il y a dans les conditions d'existence des nations, des forces impérieuses, nécessaires, irrésistibles. Toute la science de l'homme d'état consiste à les discerner et à les servir. Aussi lorsque le corps social est bon, lorsqu'il porte en lui une substance solide et une vitalité énergique, il est peu affecté par des altérations passagères; il surmonte tout embarras, toute influence pernicieuse. Son harmonie interne, plus forte que toute cause extérieure, parvient, quoiqu'il arrive, à rétablir en lui l'ordre, les fonctions et les relations naturelles.

Depuis plusieurs années, notre diplomatie a subi de nombreux échecs; aujourd'hui encore elle se trouve égarée, désorientée, sans confiance en elle-même et sans autorité au dehors. Elle en a été réduite à se réfugier dans l'isolement armé, et si elle tente de sortir de cette situation, ce n'est que pour être entraînée à de nouvelles erreurs. Ce mal est dû sans doute aux hommes qui dirigent les affaires; mais j'ai tâché de faire voir comment les circonstances les avaient conduits, comment les travers et les anomalies des antécédens avaient engendré la confusion actuelle. Ce qui importe maintenant, c'est de corriger le mal, c'est de recouvrer la sécurité et la vigueur. Si l'examen que j'ai fait des rapports naturels des grandes puissances entr'elles, repose sur de justes données et se soutient par des inductions légitimes, il en résulte que la France et la Russie sont invinciblement attirées l'une vers l'autre. L'œuvre de nos hommes d'état est donc de seconder la nature des choses, de s'en pénétrer, de s'en convaincre et d'y concourir de tous leurs efforts. Que s'ils se montraient rebelles à cette heureuse nécessité, s'ils dirigeaient contre cette impulsion une résistance qui se retournerait contre leur patrie, nulle excuse ne saurait couvrir leur aveuglement.

Espérons que leur intelligence et leur volonté ne feront pas défaut à l'inspiration de la vérité, et que, dans un avenir peu éloigné, nous verrons s'accom-

plir l'alliance franco-russe, qui, par sa fixité et
son poids, est destinée à assurer la paix et l'équilibre du Monde entier. Sous l'influence de cet espoir, évoquons les pressentimens d'une destinée
future; éveillons en nous une seconde vue, qui
nous fasse discerner les événemens d'un tems qui
n'est pas encore; et reportons sur cette perspective nos regards affligés du spectacle du passé.

Sans doute nous entrons dans le domaine de
l'hypothèse, dans une région peuplée d'illusions
et de chimères. La route incertaine se ramifie à
l'infini, des mirages incessans flottent à l'horizon,
et l'enchantement couvre le vide et l'abyme. Mais
prémunissons-nous, assurons notre marche par
l'attention, la prudence et le soin de garder comme
un fil conducteur l'expérience du passé, l'intuition
de l'avenir et la force de principes irréfragables.
De la sorte nous pourrons avancer avec sécurité,
et achever la tâche que nous avons entreprise,
d'explorer l'état de notre pays, et de tirer de cet
examen fait avec conscience, des pensées et des
sentimens sages et patriotiques.

Voyons ce qu'il faut attendre de l'avenir. La
France et la Russie, liées par la nécessité commune
de mettre un frein à l'ambition de l'Angleterre, et
par le besoin réciproque l'une de l'autre, exemptes
de tout point de contact et de toute rivalité, se
rapprochent, s'unissent et se promettent de concerter les instructions qu'elles donneront à leurs

agens diplomatiques, et d'appuyer de leurs armées
et de leurs flottes combinées les notifications qu'ils
feront en commun. N'ayant rien à redouter sur
terre de l'Allemagne, la marine russe surveille le
sud-ouest et le nord-ouest de l'Europe, tandis
que le pavillon français flotte avec orgueil sur la
Mer du Nord, l'Océan et l'est de la Méditerranée.
Cet état mutuel de force encourage les deux
puissances amies à se compléter, à consolider leurs
frontières, et à envelopper dans leur sphère d'action
les états secondaires, dont l'immobilité serait une
cause de froissement, ouvrirait la porte aux intri-
gues et aux tentatives de l'étranger. Ainsi le Czar
veut tenir en main ce qu'il appelle les deux clés de
sa maison, le Sund et le Bosphore ; de plus, il faut
à ses provinces lointaines du Caucase et de la Tar-
tarie, d'une part des voisins respectueux, de l'autre
une issue vers la mer, c'est-à-dire la libre navigation de l'Euphrate. Quant à la France, un instinct
national et la considération de sa propre sûreté la
poussent à convoiter la Belgique ; elle aspire à do-
miner par son influence l'Espagne et une portion
de l'Italie, et à joindre par ces deux bras ses possessions d'Afrique ; enfin son développement commercial la porte à étendre son influence et asseoir son crédit dans l'Amérique du Sud. C'est
ainsi, et avec un droit incontestable, que la France
acquerrait la direction des peuples d'origine latine.

On objectera aussitôt, que ce serait courir la

carrière des conquêtes, des envahissemens, du despotisme et de la témérité. Il n'en est rien, et, s'il faut détester la cruelle ambition qui se plaît à verser le sang pour satisfaire un vain désir de gloire ou une grossière cupidité, on ne saurait qu'applaudir au peuple dont la noble envie tend à mériter la part de territoire et d'influence que la nature lui a assignée, et à user des forces que ses efforts lui ont acquises. Ce n'est pas fortuitement et par le hasard des batailles que les empires s'étendent ou se resserrent, s'élèvent ou s'écroulent; c'est par leur propre vertu qu'ils prospèrent, et leur chute est toujours une expiation. Il est un pouvoir supérieur appelé par les uns Providence, par les autres raison universelle, qui fait une juste **distribution de succès et de revers au génie et à la médiocrité, au vice et à la vertu. La puissance du Czar, le nerf de son administration, les traditions et les exemples de ses ancêtres ne lui attribuent-ils pas le droit et la mission de soumettre les peuplades barbares de l'Asie, de les plier au joug de l'autorité, et de faire pénétrer parmi elles une civilisation proportionnée à son état de dégradation et d'abrutissement?** La France, outre son privilége d'éclairer toute l'Europe de ses lumières, est appelée tout spécialement à présider à la réhabilitation des péninsules méridionales, jadis puissantes, maintenant déchues; à leur offrir le modèle de nos immenses progrès, et à les nourrir des fruits de notre

civilisation et de notre organisation sociale. Les
nations qui s'éteignent ne renaissent que selon des
conditions nouvelles d'existence ; elles les puisent,
soit dans leur propre sein, soit dans l'éducation
qu'un autre peuple leur apporte du dehors. Dans
le premier cas, elles traînent durant de longs siècles
leur impuissance stérile ; dans le second , et lorsqu'une main habile les redresse, elles se soutien-
nent et avancent rapidement. C'est un devoir du
grand envers le petit, c'est donc pour la France
une obligation aussi bien qu'un honneur de tendre
une main bienveillante et protectrice à l'Italie, à
l'Espagne et même à l'Amérique du Sud, pour les
aider à se relever. La communauté d'origine latine,
l'analogie de caractère et le rapprochement géogra-
phique assignent cette tâche à notre pays. Il ne
saurait la récuser par faiblesse ou par égoïsme.

De leur côté, l'Angleterre et l'Allemagne ont
leur carrière à poursuivre. Le roi de Prusse s'ap-
plique à constituer l'unité des principautés germaniques qui touchent à ses états. L'empereur d'Autriche fait le même travail au Sud, vise à s'approprier tout le cours du Danube, et s'efforce de
façonner à son autorité les provinces slaves et ita-
liennes qui entrent dans l'aggrégation de ses do-
maines. Le cabinet anglais veut s'assurer une communication inattaquable entre Londres et le Gange,
débarrasser le nord de l'Inde de toute hostilité, l'af-
franchir de toute inquiétude et consolider l'exis-

tence de ses autres colonies. Au reste, ces prétentions diverses n'ont rien que de compatible. Reste-
rait-il en effet quelque prétexte à la rivalité et à la
discorde, si nulle puissance n'était admise à tenter
une entreprise, qu'à la condition de s'y montrer
évidemment la plus apte, et, si cette garantie donnée, elle obtenait en revanche pleine latitude? Chaque sphère d'action restant distincte, nul conflit ne
s'éleverait, et les développemens, si l'on me permet
cette expresion, s'opéreraient suivant des lignes
parallèles.

Ainsi, l'on pourrait inscrire à la première page
du droit des gens, cet axiome, qu'il sera libre à toute
puissance d'exercer au dehors son action sur un
point donné, à la condition qu'elle y soit appelée
par une supériorité incontestable et une vocation
spéciale. Ceci posé, il se présentera plusieurs circonstances : ou l'Etat secondaire est incapable de
subsister par lui-même, ou bien il forme un obstacle grave à l'existence du pays prépondérant
auquel il touche, ou enfin il n'est entaché de l'un
ni de l'autre de ces vices, et est susceptible de se
maintenir par lui-même, sauf les conseils et l'assi-
stance qu'il aura à réclamer, sauf encore la déférence qu'il devra en certain cas à son protecteur.
Dans la première et la seconde hypothèse, il doit
y avoir conquête violente, ou absorption pacifique
du petit par le grand; dans la troisième, l'indépendance de l'état secondaire devra être respectée,

mais en même tems l'autorité du voisin puissaut devra être soufferte.

Il semble qu'à l'aide de ces principes incontestables, il est possible de pressentir le dénouement futur des complications européennes. Je fais reposer d'abord cette issue sur le ferme établissement de l'alliance franco-russe, et je fais remarquer qu'une excellente garantie de l'observation de ce nouveau pacte, est la considération qu'on éloigne infailliblement tout sujet de dispute en assurant à chacun des contendans ce qu'il désire. Voyons donc la France et la Russie s'attribuer réciproquement ce qu'elles ambitionnent, laissant aux autres grandes puissances la libre disposition d'une part qui doit également les satisfaire.

La France est mal assurée sur ses frontières du Nord. L'enlèvement de Philippeville et de Marienbourg, et l'érection d'un triple rang de places fortes en Belgique, furent le produit de la réaction de 1815 et d'une pensée de surveillance oppressive. Aussi un instinct persévérant pousse la nation en toute circonstance critique à protester contre cette conséquence de nos désastres, et si la vivacité de nos réclamations s'est adoucie, c'est que l'émancipation de la Belgique a semblé une réparation, et la concession faite à d'anciennes et menaçantes prétentions, un gage de défense et de soutien. Néanmoins le mieux ici ne suffit pas, il n'est pas une complète satisfaction.

Ce jeune État est dans une situation équivoque et précaire. En tems de guerre, il faudrait non seulement qu'il s'abstînt de nous nuire, mais encore qu'il nous soutînt efficacement. Notre système d'opérations militaires l'étreindrait au point, qu'il nous en faudrait la libre disposition, le maniement plein et entier. En tems de paix, il ne peut subsister dans son isolement commercial; comme il produit beaucoup, de nombreux débouchés lui sont nécessaires. La Hollande, par ses colonies et la circulation de sa marine, les lui fournissait autrefois; aujourd'hui, pressé comme il est entre la France, l'Angleterre et les douanes prussiennes, il est refoulé sur lui-même, étouffé, obligé de solliciter sans relâche et de tout côté, une association dans laquelle il puisse déverser ses productions exorbitantes. De plus, c'est un pays sans antécédens historiques, où tout ce qui ressort de la pensée est calqué sur le patron de la France, qui s'alimente d'une vie exotique, et qui est dénué d'un point central, où la nationalité se résume, où les volontés communes s'élaborent et s'arrêtent. Ce n'est pas là un organisme, ce ne sont que des membres épars, qui demandent à être liés à un tronc qui, profondément enraciné, leur distribue une sève vigoureuse. Il est donc rationnel que la Belgique quitte son existence languissante et divisée, pour entrer dans la grande communauté française.

Il en est de même de la Turquie à l'égard de la

Russie. L'islamisme se meurt, et l'empire ottoman est un édifice qui croule de toutes parts. Les étais qui y sont appliqués différeront sa ruine, mais ne le sauveront pas. Dans un délai plus ou moins long il succombera. L'insurrection grecque se rallumera, les divers pachas tenteront d'imiter Méhémet-Ali, et ce régime de violence et d'oppression imposé au nom du Sultan s'anéantira dans les excès ou la décrépitude. Alors s'offrira la question brûlante du partage : à qui attribuer la Thrace et la Macédoine, l'Asie Mineure, la Crète et les provinces danubiennes? D'après l'enchaînement d'idées que j'ai exposé, le royaume de Grèce se trouverait naturellement appelé à recueillir une portion de cet héritage, et offrirait le noyau auquel se relieraient les provinces les plus analogues, Candie, la Roumélie, l'Albanie, la Servie, la Thessalie et l'Epire, et, pour que le pouvoir central ne fût pas accablé sous la tâche d'organiser uniformément des pays éloignés, il serait institué une confédération hellénique. La rive gauche du Danube et une certaine lisière sur la droite seraient données à l'Autriche pour lui assurer la navigation de son grand cours d'eau. Enfin, l'Asie Mineure entrerait dans le lot de la Russie, comme étant la puissance appelée entre toutes les autres à vaincre et à soumettre la barbarie.

Il faut remarquer que le Czar ne s'adonnera au repos, qu'autant qu'il aura un libre accès dans la

Méditerranée et la mer du Nord ; ce ne sera qu'a-
près avoir obtenu ces avantages, qu'il oubliera
son ardeur de conquête, et qu'il concentrera tous
ses soins dans l'organisation pacifique de ses états.
Ce serait donc assurer la paix du Monde, que de
satisfaire à ces prétentions qui, du reste, sont très
fondées. Comment, en effet, le Czar pourrait-il
mettre en valeur d'immenses régions dont la population est si clairsemée, et dont les habitudes sont
si sauvages, s'il n'ouvre sur tout leur pourtour des
communications avec le dehors? Il a affaire à une
masse qu'il est difficile de traverser par une circulation active, et qu'il faut entamer par les bords.
L'intérieur de la Russie restera toujours glacé et
engourdi ; ce sera St.-Pétersbourg, Riga, Odessa et
sans doute Trébizonde et Smyrne, qui serviront
d'organes à la vie commune. A ces centres d'action et de réaction convergents, j'ajouterai le
point dominant du cours supérieur de l'Euphrate.
S'effraierait-on de cet accroissement de la puissance du Czar? Cette crainte serait très mal fondée. D'abord la France serait la dernière à en
souffrir ; l'Allemagne et l'Angleterre passeraient les
premières sous un joug qui, du reste, est hors de
prévision. Le Czar serait maître d'un territoire et
d'une population immense. Mais est-ce donc l'étendue qui fait la force? Et si un empire est puissant, en raison directe du nombre de ses habitans, ne décroît-il pas en proportion de la gran-

deur de son territoire ? Comptons de plus, comme causes dissolvantes, le manque d'unité et d'homogénéité, de richesse privée et de fortune publique, d'administration régulière et de centralisation effective, et nous pourrons justement nous rassurer sur cet accroissement de la Russie, qui serait au surplus compensé par une augmentation correspondante des autres puissances.

Je viens d'indiquer les parts respectives des débris de l'empire ottoman, que la France et la Russie s'attribueraient au nom de leur alliance mutuelle. Voyons quelles seraient les allocations de l'Angleterre et de l'Allemagne. L'intérêt capital de l'Angleterre est sa communication avec les Indes et l'Océanie, qui forment, avec le Canada et ses possessions équatoriales de l'Amérique, son magnifique empire maritime. Il est deux voies susceptibles d'assurer cette communication, les isthmes de Suez et de Panama. Que l'Angleterre les occupe avec toutes leurs attenances. Elle a Malte, Gibraltar, les îles Ioniennes, Aden et Bushir : ce n'est pas assez ; qu'elle ait telle partie de Chypre et de la Syrie qu'il sera jugé convenable ; qu'elle possède l'isthme de Suez, et y établisse canal et chemin de fer avec telles fortifications qu'il lui sera nécessaire ; que sur les côtes de la mer Rouge, qu'entre Aden et Bushir, qu'entre ce dernier point et l'Indus, elle s'empare de telles positions, de telles zones de territoire qu'il lui faudra pour contenir la Perse et les diverses souverai-

netés qui en ont été démembrées, et pour développer son commerce, sans aller cependant jusqu'à
anéantir l'existence de ces petits princes qui l'em-
pêchent de se heurter contre les lignes de la Russie.

La Prusse offre, par sa configuration géogra-
phique, l'aspect d'un oiseau dans son vol, un corps
maigre et une vaste envergure. Tandis qu'un de
ces appendices est jeté à cheval sur le Rhin, elle est
échancrée jusqu'au cœur par la Russie. Elle est,
dans sa partie orientale, vulnérable à l'excès, au
point qu'elle ne peut se mouvoir sans que la pointe
avancée sur elle ne se fasse sentir. De là, pour la
Prusse, un état d'anxiété intolérable ; mais la Russie, qui recevrait ailleurs des avantages considéra-
bles, lui donnerait facilement le corps et la sécurité qui lui manquent, en lui cédant la Pologne.
Désormais ce pays, livré à une servitude inévitable,
n'aurait plus à gémir sur la dureté du joug d'un
vainqueur irrité, et la douceur de son nouveau
gouvernement lui rendrait le calme et le bien-être,
tandis que la Russie n'aurait plus attachée à son flanc
une proie remplie de haine et de colère, une autre
Irlande mais bien plus envenimée. Le roi de Prusse
ainsi satisfait par le complément de son empire,
s'adonnerait tout entier à ses projets chéris de constituer une Allemagne du Nord, dont la capitale,
l'ame et le bras seraient Berlin.

L'Autriche a pour grande artère le Danube,
mais elle ne trouverait dans ce beau fleuve qu'une

sorte de lac sans issue, qu'une circulation purement domestique, si elle n'arrivait à posséder ses
embouchures. La Moldavie et la Valachie entrent
naturellement dans son partage, reculent les at-
teintes de la Russie, et forment les derniers anneaux de la chaîne de ses provinces slaves depuis
l'Adriatique jusqu'à la mer Noire. Brahilow est
destiné à jouer, à l'est, le même rôle que Trieste, à
l'ouest. Ce seraient les deux affluens qui, joignant
les deux extrémités de la confédération hellénique,
déverseraient l'Allemagne du Sud, ici dans l'Adriatique et dans la Méditerranée, là vers le littoral
de la Mer Noire et de l'Asie-Mineure. L'ouverture
de cette double carrière satisferait l'empereur
d'Autriche et lui ferait ratifier avec empressement
les arrangemens généraux et les modifications particulières que je viens d'exposer.

D'après ces arrangemens, les cinq grandes puissances s'accroîtraient d'une manière notable, mais
sans que l'équilibre européen fût altéré. Les
complémens indispensables qui leur seraient oc-
troyés, éteindraient tout ressentiment passé et
toute convoitise future. Elles n'auraient plus à se
surveiller, à se traverser réciproquement, et à s'entre-déchirer pour obtenir les objets de leurs désirs.
Les points litigieux disparaîtraient, et chaque état
opérant dans sa sphère spéciale, s'appliquerait
exclusivement à son bien propre, à son amélioration
tion intérieure et à ses progrès nationaux. Il res-

terait assez d'états secondaires à interposer entre les grandes puissances, pour empêcher un
contact trop immédiat, et pour être mis en possession des points contestés, sur lesquels les rivalités s'éveilleraient avec trop d'effervescence. Ainsi
les détroits de Constantinople et des Dardanelles
qui intéressent également à un haut degré la Russie et l'Autriche, seraient essentiellement neutres,
et occupés à l'ouest par la Confédération hellénique, et à l'est par une marge de territoire solidement défendue par les mêmes forces grecques. Le
Sund resterait entre les mains impartiales de la
Suède et du Danemark. Quant au détroit de Gibraltar, il importerait à la Russie, à l'Autriche et
à la France de ne pas être un jour emprisonnées
par la citadelle anglaise. Restituer Gibraltar aux
Espagnols, serait peut-être faire un avantage indi-
rect à la France; le remettre dans des mains essentiellement neutres, concilierait mieux tous les intérêts.

Le sort des états secondaires serait, jusqu'à un
certain point, subordonné à l'influence de leurs
imposans voisins. Cependant observons que partout il y aurait contre-poids. Si l'Espagne est naturellement sous le patronage de la France, L'Angleterre, qui a pris pied fortement en Portugal,
enveloppe incessamment les côtes de la Péninsule
par ses navires qui gagnent les Indes. Il en est de
même pour le royaume de Naples. La Suisse a son

existence propre; elle est placée en dehors de tout
mouvement général des peuples. Le Piémont, qui
garde le passage de la France vers le Milanais et
les Apennins, serait également circonvenu par la
France et l'Autriche. La Confédération hellénique
assise entre la mer Noire, l'Asie et la Méditerranée verrait se croiser sur son terrain, les tendances
de la Russie, de l'Autriche, de l'Angleterre et jusqu'à un certain point de la France. L'Égypte serait
sous l'action immédiate de l'Angleterre; mais la
Russie, qui serait proche, ne manquerait pas de
surveillance, et la France établie sur le littoral
africain, tendrait la main à Alexandrie. La Perse et
les pays qui en ont été démembrés, servant de rempart à la Russie et à l'Angleterre l'une contre l'autre, seraient activement soutenus des deux côtés.
Le même rôle est rempli au Nord par la presqu'île
scandinave. Le Danemark intéresse à la fois Londres, Berlin et St.-Pétersbourg. Quant à la Hollande, elle me semble appelée à faire le commerce
de l'Asie orientale pour le compte de la France et
de la Prusse. Ce petit peuple marin étant jalousé
par l'Angleterre, il est de notre intérêt de le soutenir; les villes libres anséatiques lui convien-
draient parfaitement, et ce don, ainsi que l'offre
de nos marchés, ne manquerait pas de nous l'attirer.

Dans ce partage, notre lot territorial serait beau,
mais nous resterions pauvres de colonies. Je crois

que la France doit se résigner à cette pénurie. Nos trois ilots et les quelques comptoirs qui nous restent, sont dans une situation très précaire. Quant à nos possessions du nord de l'Afrique, il est encore incertain, au cas où notre domination s'y consoliderait, si le sol serait fertile en denrées coloniales. Le climat y est d'une variabilité et d'une inclémence telles, qu'il est fort douteux que nous en puissions tirer jamais d'autres produits que ceux d'Europe. D'ailleurs et en thèse générale, il vaut beaucoup mieux, pour une nation forte sur le continent, d'établir d'étroites et constantes relations de commerce soit avec la race aborigène d'un pays exotique, soit avec une population qui s'y est implantée de longue date, que de tenter, à frais énormes, un établissement périlleux qui, s'il déchoit, veut être secouru par la mère-patrie, et s'il prospère l'encombre de ses produits, ou la force de lui ouvrir *per fas et nefas,* comme le fait l'Angleterre, des débouchés à l'étranger. Au reste, la France a une excellente raison pour ne pas se jeter dans les entreprises coloniales, c'est que la matière n'en existe pas; c'est, qu'à moins de découvrir un nouveau monde, on ne trouverait pas de terrain qui ne fût occupé. L'Amérique du Sud serait peut-être la seule contrée, où il fût loisible d'acquérir, par voie de transaction, un sol colonial; mais, à mon avis, il est bien préférable de favoriser les jeunes républiques qui y sont fondées,

13

et de contracter avec elles de simples traités. Des quatre grandes puissances commerçantes, l'Angleterre, les États-Unis, la France et la Hollande, la France seule n'a pas d'emploi spécial qui lui soit réservé et qui alimente sa marine. Comme il importe à un haut degré de faire cesser cette stagnation, portons nos forces maritimes vers l'Amérique du Sud. Cette région est immense, ses objets d'exportation sont en grande partie similaires à ceux des produits des colonies anglaises. De là concurrence, où certainement l'Angleterre l'emporte et use d'exclusion. Offrons nos navires, nos ports et nos marchés, et demandons en revanche, pour nos marchandises, une entière préférence. Que Nantes et Bordeaux voient leur activité renaître, et leur opulence refleurir plus brillante que jamais.

Je viens de tracer le plan d'une recomposition du Monde. Ces idées paraîtront gigantesques, cependant j'ai cru pouvoir les émettre parce qu'elles m'ont été dictées et par l'intuition d'une sorte de fatalité providentielle qui pousse les nations dans des carrières auxquelles elles semblent spécialement destinées, et par l'évidence d'un principe de pur intérêt privé, qui consiste à donner pour base à la paix la distribution à chacun de tout ce qui convient à sa propre nature. Si la première de ces considérations, trop métaphysique, ne saurait diriger la conduite du politique, la seconde est d'une perception assez manifeste et d'une application assez immédiate pour que, s'assortissant au plan dont nous nous occupons, elle l'explique et le justifie. Quant à l'exécution, je le répète, elle a pour première base, la formation de l'alliance franco-russe. C'est donc à ce résultat que doivent tendre les méditations et les efforts de nos hommes d'état. Je n'ignore pas quelles objections on leur susciterait, et quelles difficultés ils auraient à vaincre. Mais quelle est, dans ce monde, la plus petite chose qui ne soit frappée d'incertitude et d'entraves.

On dira que ces prévisions n'ont rien de fondé en fait, qu'elles ne sont bonnes qu'à récréer l'imagination, mais qu'elles ne doivent pas préoccuper les hommes d'état, les illusionner et les détourner des choses pratiques, c'est-à-dire d'une exécution immédiate d'après les faits qui s'accomplissent. Sans doute ce n'est pas un art médiocre que de savoir profiter des événemens irrévocables, mais ce n'est qu'une partie de la science politique, de même que le passé n'est qu'une partie du tems; et l'homme d'état qui n'aurait aucune vue de l'avenir, et se laisserait nonchalamment porter par des faits irrémissibles, tomberait dans des hésitations et des perplexités continuelles en face de l'imprévu.

On reprochera au plan d'alliance franco-russe, que, provenant d'une situation commune de rivalité contre l'Angleterre, il s'ensuivrait une habi-

tude de pensée hostile, un état perpétuellement
inquiet et pénible. S'il existe entre la France et l'Angleterre de nombreux points de litige, il vaudrait
bien mieux les régler à l'amiable, au moyen de la
restauration de leurs anciennes relations amicales.
Je ne le crois pas. Deux voisins jaloux réussiront
fort mal à se maintenir en paix, s'ils laissent subsister les intérêts rivaux, et s'ils comptent au jour
de la dispute terminer la contestation par un arrangement de mutuelle confiance. Le seul moyen
qu'ils aient de se mettre d'accord, est de séparer
tout objet litigieux par une ligne de démarcation
nettement tranchée, que ni l'un ni l'autre ne s'avi-
sera de franchir, avertis qu'ils seront de la répression prompte et inévitable qui s'en suivrait. Telle est
la position respective de l'Angleterre et de la Russie,
de l'Angleterre et de la France. Que la France et
la Russie s'unissent donc dans le même intérêt d'é-
loigner toute cause de guerre, en traçant sur les
limites du développement de l'Angleterre, la ligne
qui le mesure, le garantisse et le réprime.

Enfin cette alliance franco-russe trouverait dans
le sein de notre pays des obstacles sérieux, mais
que le bon sens public, il faut l'espérer, ferait
bientôt disparaitre. Au début, les préjugés libéraux, dont j'ai démontré le peu de fondement s'éle-
veraient contre. Le parti libéral veut la grandeur de
la France, il reproche à ses adversaires de ne pas
la comprendre avec des sentimens assez fiers : qu'il

en veuille donc aussi les moyens, qu'il répudie ces prétendues alliances fondées uniquement sur la conformité des principes politiques, et qu'il cesse de penser que le Czar entretienne une haine ridicule contre la révolution de juillet. Si notre gouvernement se mettait à l'œuvre de l'alliance francorusse, developpée selon le plan que j'ai exposé, ce serait pour tous les partis, même les plus irréconciliables, un devoir de faire trève sur ce point à leurs querelles. Comme cette œuvre demanderait une assez grande latitude d'action, et une longue persévérance, il faudrait ajourner toute interpellation, toute curiosité, toutes tracasseries oiseuses et intempestives, qui pourraient désorganiser les plans ministériels. En général, 'un des vices de nos partis est d'oublier qu'ils ne doivent faire qu'un vis-à-vis de l'étranger, et, qu'une fois ce système diplomatique convenu, l'opposition intérieure doit se taire au sujet des fautes partielles, à moins que l'incapacité ou la trahison ne deviennent patentes. Que nos partis prennent pour exemple, dans nos relations avec l'étranger, ce qui se passe à notre Chambre des députés. On y voit chacun des deux grands partis se rallier autour du symbole commun, coopérer avec unanimité aux résolutions arrêtées, négliger l'accessoire pour le principal, et effacer les dissentimens individuels devant l'intérêt collectif et permanent. Si l'on veut voir cette marche des partis encore mieux prononcée, qu'on envisage en Angleterre la Chambre des communes.

Notre éducation constitutionnelle a besoin d'être perfectionnée, pour que notre gouvernement replace la France au rang qui lui est dû parmi les nations. Ce n'est plus maintenant par la guerre, c'est par les combinaisons diplomatiques que se résolvent les destinées des empires. C'est plutôt la démonstration que l'usage de la force qui l'emporte. Le but de tout gouvernement est donc d'offrir l'image de sa puissance sous le jour le plus éclatant, et avec le reflet le plus vif qu'elle puisse emprunter des alliances. Il s'agit d'un concours, où chacun se porte fort des ressources qu'il étale, et rivalise ainsi d'appareil. Sur ce terrain, nos représentans ne doivent pas rester en arrière de ceux des souverains absolus; il faut que leurs avances soient aussi énergiquement appuyées, aussi solidement garanties, et qu'il ne s'élève pas le moindre doute sur la validité et sur la ratification ultérieure de leurs promesses. Ils ne sauraient posséder le crédit et l'autorité qui leur sont nécessaires, s'ils ne personnifient réellement leur patrie, et si les effets ne suivent leurs paroles.

Ces procédés diplomatiques ne sont pas encore suffisamment appréciés parmi nous. Ils s'exécutent dans une sphère trop haute, pour être à la portée des vues du grand nombre des citoyens qui influent sur les affaires publiques. Cependant

nous sommes trop éminemment intéressés à la
bonne direction de nos relations extérieures, pour
que nous ne mettions pas le plus grand soin à
nous pénétrer des conditions auxquelles sont soumises les transactions diplomatiques. Le parti conservateur, placé le plus près de ces hautes régions où s'élaborent les délibérations internatio-
nales, n'a pas eu jusqu'à ce jour assez de confiance
en lui-même, des plans assez arrêtés, des idées
assez nettes et assez élevées et des résolutions assez
fermes pour s'engager dans un système indépendant, vigoureux et fécond, tel que celui que j'ai
esquissé. Son manque de consistance à l'extérieur
provient de la mobilité de son assiette politique.
C'est la même cause dont les effets se propagent
tant au sein du pays qu'au dehors. Le remède ap-
pliqué à l'un des maux guérirait l'autre simulta-
nément.

Des observations analogues s'adressent au parti
libéral. Sa fougue naturelle lui fait méconnaître la
nécessité d'avoir égard, non seulement aux prétentions diverses et opposées qui s'agitent dans
toute conférence, mais encore aux délais qu'im-
pose l'accomplissement de tout travail. De cette
impatience vient cet empressement de s'en rappor-
ter sans attendre au sort des batailles. Avec de telles
dispositions, les États, rencontrant sans cesse de
nouvelles difficultés, ne jouiraient pas d'un seul
instant de paix, et la guerre, devenue un régime

permanent, ferait de l'existence des nations un dé-
chirement perpétuel. Que le parti libéral se mo-
dère, qu'il ne songe aux mesures violentes que
lorsque toute voie pacifique est impraticable, et
que tout moyen de conciliation est devenu stérile.
Qu'il ne s'impatiente point des longues conférences; qu'il les surveille, je l'accorde, mais qu'il ne
les entrave pas par des réclamations inoportunes.
Que dans l'opposition comme au pouvoir, il considère avant tout l'honneur français dont notre diplomatie est l'organe; que toutes ses attaques cessent lorsqu'il s'agit de l'intérêt national, et, s'il ne
veut la seconder directement, qu'il adhère, quand
la raison lui en démontre la nécessité, à cette action
du pouvoir, qui ne peut s'accomplir qu'au moyen
de l'unité, de la persévérance et de la modération.

Ces exhortations, qui sont aussi des reproches,
montrent que, de quelque côté que l'on envisage
notre état politique, on le voit chanceler, non
sans doute par épuisement, mais par inexpérience.
Il n'en peut être autrement; s'il est vrai que le
tems soit le complément indispensable des intentions même les plus généreuses, comment en effet,
ne serions-nous pas encore sous l'impression de la
surprise et de l'ébranlement, quand nous ne faisons que d'échapper aux orages révolutionnaires,
quand nous avons eu à peine le tems de reprendre
notre assiette sur la base aussi large que solide du
régime représentatif. Mais peu à peu notre nou-

velle organisation gagnera son équilibre, le raffermissement s'opérera, les partis se soumettront au
jeu régulier des ressorts parlementaires; la loi
commune, qui étend sur tous son inflexible niveau, acquerra faveur et respect, et notre gouvernement, non plus inféodé à un parti toujours
placé sur la défensive tandis que l'autre reste ob-
stinément aggressif, mais devenu successivement le
domaine de ces deux partis, trouvera dans la nation crédit, obéissance et dévouement.

FIN.

www.ingramcontent.com/pod-product-compliance
Lightning Source LLC
Chambersburg PA
CBHW051830020726
47502CB00005B/1717